Anonymous

Der Heidelberger Katechismus in seiner ursprünglichen Gestalt,

Herausgegeben nebst der Geschichte seines Textes im Jahre 1563 von A. Wolters

Anonymous

Der Heidelberger Katechismus in seiner ursprünglichen Gestalt,
Herausgegeben nebst der Geschichte seines Textes im Jahre 1563 von A. Wolters

ISBN/EAN: 9783337757212

Hergestellt in Europa, USA, Kanada, Australien, Japan

Cover: Foto ©ninafisch / pixelio.de

Weitere Bücher finden Sie auf **www.hansebooks.com**

Der

Heidelberger Katechismus

in seiner ursprünglichen Gestalt,

herausgegeben

nebst der Geschichte seines Textes im Jahre 1563

von

Albrecht Wolters,
evangelischem Pfarrer.

Bonn,
bei Adolph Marcus.
1864.

Den

Gliedern des Presbyteriums

der evangelischen Gemeinde in Bonn

gewidmet.

Inhalt.

	Seite.
Einleitung	VII
I. Abdruck der ersten Ausgabe des Katechismus	1
II. Der recipirte Text des Katechismus	97
III. Erste Ausgabe des Katechismus	103
IV. Zweite Ausgabe; die achtzigste Frage in ihrer ersten Fassung	110
V. Dritte Ausgabe; die achtzigste Frage in ihrer zweiten Fassung	120
VI. Die ersten Gegner des Katechismus	141
VII. Anhang von Urkunden:	
1. Schreiben des römischen Königs Maximilian an Friedrich von der Pfalz	153
2. Schreiben dreier Fürsten an denselbigen	155
3. Anlage zu diesem Schreiben; „Verzeichnis der Mängel" des Katechismus und Widerlegung des „Büchleins vom Brotbrechen"	164
4. Auszüge aus der gleichzeitigen Correspondenz des Tileman Heshusius	192

Einleitung.

Als im vergangenen Jahr auf vielen Gebieten der evangelischen Kirche des ersten Erscheinens des Heidelberger Katechismus, nach drei Jahrhunderten, in festlicher Weise gedacht wurde, ist die schon so reiche Literatur des vielbelobten und vielbestrittenen kleinen Buches durch manche treffliche Arbeit vermehrt und aufs neue an seinen didaktischen, symbolischen und kirchlichen Werth erinnert*). Viele hofften mit Recht bei dieser Gelegenheit auch seinen ursprünglichen, deutschen, authentischen Text**) neu gedruckt zu sehn; nicht etwa nur aus antiquarischem Interesse, sondern weil sie von dieser Veröffentlichung für seine noch wenig erforschte Textgeschichte und Textkritik einen festen Ausgangspunkt, eine sichere Grundlage, und eine endliche Aufklärung der widersprechenden Meinungen welche über seine Anfänge verbreitet sind erwarteten. Ihre Hoff-

---

*) Die mancherlei populären Schriften, welche damals erschienen, sind durch die vortreffliche, mit einer geschichtlichen Einleitung versehene, Sammlung von Predigten über den Katechismus von verschiedenen Verfassern „Der einige Trost im Leben und im Sterben" (Elberfeld 1863) entbehrlich geworden.

**) Authentica sola est editio germanica. Henr. Alting.

nung hat sich bis jetzt nicht erfüllt; und die eben in der Niebner'schen Zeitschrift (für historische Theologie, 1864. III.) erschienene Abhandlung des H. Professors Schaff in Mercersbury liefert den Beweis, daß das Jubeljahr des Katechismus die Fragen in Betreff seines Urtextes da gelassen wo sie vor über hundert Jahren standen als sie zuerst die Theologen ernstlich beschäftigten *). Auch das noch in Aussicht gestellte „Gedenkbuch der dreihundert= jährigen Jubelfeier des H. Katechismus" welches die deutsche reformirte Kirche Nordamerika's vorbereitet, wird in seinen zwanzig Aufsätzen von Fachmännern der alten und neuen Welt die Lücke nicht ausfüllen, den Urtext nicht bringen **).

Vielleicht hat die Aufgabe ihn wieder zugänglich zu machen keine Freunde gefunden weil sie zu unbedeutend erschien. Aber dann ist ihr Nutzen wie ich meine unter= schätzt worden. Denn wenn diejenigen Fragen und That= sachen welche bei Darlegung der Abweichungen der ersten Textausgaben von einander zur Sprache kommen müssen,

---

*) Eine Hinweisung der „Studien und Kritiken" zu Anfang des Jahres 1863 darauf, wie im höchsten Grade interessant es sei wenn im Jubiläumsjahr ein Exemplar des ersten Drucks wieder zum Vorschein käme, (Plitt „Die Bedeutung welche der H. K. in der reform. Kirche erhalten hat" a. a. O. Jahrg. 1863. I.) ging aus ohne den verloren gegangenen Schatz irgendwo hervorzulocken, so daß man am Ende desselben Jahres meinte es werde vergebene Mühe sein noch nach einem Urexemplar zu forschen. (Ullmann „Züge aus der Geschichte des H. K." a. a. O. IV.)

**) Stud. u. Krit. 1863. IV. 19.

Anfangs gleichgültig erscheinen könnten: so wird doch eine genauere Beschäftigung mit ihnen davon überzeugen, daß jede wissenschaftlich-theologische ja auch jede praktische Behandlung des Katechismus sich ihnen nicht entziehen darf.

Wenn ich deshalb noch jetzt übernommen habe was Viele eher und besser als ich hätten thun können, so möchte ich dabei doch nicht den Schein der Voreiligkeit auf mich laden. Es ist mir zu Statten gekommen daß ich, früher einmal zu einem andern Zweck mit der ersten Verbreitung des Katechismus zur Reformationszeit in den Gemeinden des Niederrheinlandes beschäftigt, auch seinen Anfängen nachgegangen war; und so glaubte ich den Gibeonitendienst wagen zu dürfen ihn in seiner vom Markt wie vom Tisch der Gelehrten verschwundenen anfänglichen Gestalt der Oeffentlichkeit wiederzugeben, indem ich zugleich versuchte das Geschick seines Textes im Jahr seines Erscheinens so weit als möglich an der Hand nachweisbarer Thatsachen aufzuklären, und damit eine Vorarbeit für tieferes Eingehn auf seinen Wortlaut und Inhalt Allen anzubieten, welche ihn zu behandeln haben.

Der im ersten Abschnitt des vorliegenden Schriftchens mitgetheilte Text der Urausgabe ist dem so viel bekannt ist einzigen erhaltenen Exemplar derselben, dessen Benutzung ich der Freundlichkeit seines Eigenthümers des Herrn Pastors Treviranus in Bremen verdanke, entnommen. Er ist in der Größe des Originals und buchstäblich genau wiedergegeben und möglichst nachgeahmt; deshalb auch seine Unrichtigkeiten und die (von Seite 64 an) falschen Seitenzahlen beibehalten. Der Titel ist lithographisch facsimilirt worden um zugleich als Schriftprobe zu dienen*).

Bonn, 22. Mai 1864.

---

*) Dies Bremer Exemplar scheint ursprünglich als Geschenk des Lectors der griechischen Literatur an der Heidelberger Universität Hermann Wilcken genannt Wittekind, aus Westphalen, des treuen Anhängers des reformirten Lehrbegriffs, um deßwillen er bei Friedrichs III Tod mit den Gesinnungsgenossen nach Neustadt auswanderte, in den Norden Deutschlands gerathen zu sein, da das Titelblatt die von seiner Hand geschriebene Notiz „D. d. M. Hermannus Wilcken. 63." enthält. (Ueber ihn s. Hautz, Geschichte der Universität Heidelberg. 1863. II. 45. 54. 112.)

Wegen des Abdrucks ist den obigen Notizen um sie ganz vollständig zu machen nur hinzuzufügen, daß der currente Text des Originals mit denjenigen Lettern gedruckt ist, welche die zwei untersten Zeilen des Titels darbieten; die Vorrede u. s. w. mit denjenigen, welche in der fünften; die Theilüberschriften aber mit denjenigen, welche in der dritten Zeile desselben sich finden. — Das Rankenblatt des Titels findet sich im Original noch — liegend — unter der letzten (abgekürzten) Zeile der Vorrede (S. 11); auch ist am Schluß des Ganzen auf der letzten Seite unter der Zahl 1563 eine rohe Verzierung von zwei Linien mit Schnörkeln Füllhörnern und einem geflügelten Engelskopf in der Mitte angebracht. Beide sind im Abdruck nicht reprodujirt worden, wie sie denn auch in der zweiten und dritten Ausgabe des Katechismus fehlen.

I. Abdruck der ersten Ausgabe des Katechismus.

Catechismus

Oder Christlicher Vnderricht/ wie der in Kirchen vnd Schulen der Churfürstlichen Pfaltz getrieben wirdt.

Gedruckt in der Churfürstlichen Stad Heydelberg/ durch Johannem Mayer.
1563.

WJR Friderich von Gottes Genaden Pfaltzgrafe bey Rhein / des heiligen Römischen Reichs Ertztruchseß vnd Churfürst / Hertzog in Bayern / ꝛc. Entbieten allen vnd jeden vnsern Superintendentē / Pfarrherrn / Predigern / Kirchen vnd Schuldienern vnsers Churfürstenthumbs der Pfaltzgrafeschafft bey Rhein / vnser genad vnd gruß / Vnd fügen euch hiemit zuwissen.

Nach dem wir vns auß erinnerung Göttlichs Worts / auch natürlicher pflicht vñ verwand

a ij nuß

nuß ſchuldig erkennē. Vnd endlich fürgenommen / Vnſer von Gott befohlen Ampt / beruff vnd regierung / **nicht** allein zu friedlichē / rüigem weſen / auch zuerhaltung züchtigen auffrichtigen vnd Tugentſamen wandels vnd lebens vnſerer vnderthanen / zurichten vnd anzuſtellen: Sondern auch vnd fürnemlich dieſelbige zu rechtſchaffener erkañtnuß vnd forcht des Almechtigen / vnd ſeines ſeligmachenden Worts / als das einige fundament aller Tugenten vñ gehorſams / je lenger je mehr anzuweiſen vñ zubringen. Auch alſo ſie zur ewigen vnd zeitlichē wolfart vngeſparts vleiß von grund

grund vnsers hertzens gern befürdern / vnd sovil an vns / darbey erhalten helffen wolten.

Vnd aber gleich anfangs in eintrettung vnserer regierung erfaren: Wiewol von vnsern lieben Vettern vnd Vorfarn/ Pfaltzgrafen / Churfürsten ꝛc. löblicher seliger gedechtnuß / allerhand Christliche vnd nützliche ordnungen vñ vorbereitungen / zu befürderung solcher ehr Gottes / vñ erhaltung Bürgerlicher zucht vnd policey auffgericht vnd fürgenommen:

Daß doch demselbigen nit mit dem ernst / wie es sich wol gepüret / allenthalben nachgesetzt / Viel weniger die verhoffte
vnd

vnd begerte frucht darauß gefolgt vnd geſpürt wordē. Welches vns denn verurſacht / nit allein dieſelbige widerum̄ zuernewern / ſondern auch / da es die nothwendigkeit erfordert/ in verbeſſerung zurichten / zuerleutern / vnd weitere fürſehung zuthun. Alſo wir auch in dem nit den geringſten mangel befunden / daß die blüende jugend alenthalben / beides in Schulen vnd Kirchen Vnſers Churfürſtenthumbs in Chriſtlicher Lere ſehr fahrleſſig/ vnd zum theil gar nit / zum teil aber vngleich/ vnd zu keinem beſtendigen / gewiſſen vnd einhelligen Catechiſmo: ſondern nach eines jeden
für=

fürnemen vnd gutbüncken an=
gehalten vnd vnderwiesen wor
den. Darauß deñ neben andern
vielfaltigen grossen vnrichtig=
keiten erfolgt / daß sie offterma
len ohne Gottes furcht vnd er=
kañtnuß seines Worts auffge-
wachsen / keine eintrechtige vn=
derweisung gehabt / oder sonst
mit weitleufftigen vnnotürffti=
gen fragen / auch bißweilen mit
widerwertiger Lere beschweret
worden ist.

Weñ nun beid Christliche vñ
weltliche ämpter / Regiment vñ
haußhaltungen / anderst nit be-
stendiglichen erhalten werden/
auch zucht vnd erbarkeit vñ alle
andere gute tugentē bey den vn-
a iiij   dertha=

derthanen zunemen vnd auffwachssen mügen / Denn da die jugendt gleich anfangs / vn̄ vor allen dingē zu reiner / auch gleichförmiger lehr des heiligē Euangelij vnd rechtschaffener erkāntnuß Gottes angehalten / vnd darinnen stetigs geübet wirdt:

So haben wir für ein hohe noturfft geachtet / auch hierinnen / als dem vornemsten stück eins Vnsers Regiments / gepürlichs einsehens zuthun / die vnrichtigkeit vnd vngleichheit abzuschaffen / vn̄ notwendige verbesserung anzustellen.

Und demnach mit rhat vn̄ zuthun Vnserer gantzen Theologischen Facultet allhie / auch allen

Vorred.

allen Superintendenten vnd fürnemſten Kirchendienern einen Summariſchen vnderricht oder Catechismum vnſerer Chriſtlichen Religion auß dem Wort Gottes / beides in Deutſcher vñ Lateiniſcher Sprach verfaſſen vnd ſtellē laſſen. Damit fürbaß nicht allein die jugendt in Kirchen vnd Schulen / in ſolcher Chriſtlicher Lehre / Gottſeliglichen vnderwieſen / und darzu einhelliglichen angehalten: ſonder auch die Prediger vñ Schulmeiſter ſelbs ein gewiſſe vnd beſtendige form vnd maß haben mögen / wie ſie ſich in vnderweiſung der jugendt verhalten ſollen / vnd nicht jres gefallens tegliche

liche enderungē fürnemen / oder widerwertige lehre einfüren.

Euch hiemit alle vnd einem jeden besonder gnediglihe vnd ernstlichen ermanend vn̄ befehlende / jr wollet angeregten Catechismum oẛ Vnderricht / vmb der ehre Gottes / vnd Vnserer vnderthanen / auch ewerer seelen selbs nutz vnd bestem wüllē / danckbarlich annemē / auch den selbigen nach jrem rechten verstand der jugend in schulen vnd Kirchen / auch sonst auff der Cantzel dem gemeinen Man vleissig vnd wol einbilden / darnach lehren / thun vn̄ leben. Vngezweiffelter hoffnung vnd zuuersicht / wenn die jugendt anfangs

fangs im wort Gottes also mit ernst vnderwiesen vnd aufferzogen: es werde der Almechtig auch besserung des lebens/ zeitliche vnd ewige wolfart verleihen vnd widerfaren lassen. Das wollen wir vns/ wie oblaut/ zu geschehen zu euch entlichen versehen.

Datum Heydelberg auff Dinstag den neuntzehenden Monatstag Januarij/ Nach Christi vnsers lieben Herrn vnd Seligmachers geburt/ im Jar/ Tausendt/ Fünffhundert/ drey vnd sechtzig.

12.

Catechismus,
Oder
Christlicher Vnderricht,
wie der in Kirchen vnd Schulen der Churfürstlichen Pfaltz getrieben wirdt.

Frag.

Waß ist dein einiger trost in leben vnd in sterben?

Antwort.

a *1.Cor.6.* Daß ich mit Leib vnd Seel a, beyde
b *Rom.14.* in leben vnd in sterben b, nit mein,
c *1.Cor.3.* sonder meines getrewen Heylands Jesu
d *Ioan.1.* Christi eigē bin c, der mit seinē thewern
e *1.Ioha.3.* blut, für alle meine sünden volkomlich
1.Pet.1. bezalet, vn̄ mich auß allem gewalt des
Ioan.6. Teufels erlöst hat d, vn̄ also bewaret e,
daß ohne den willen meines Vaters im
himel kein haar von meinem haupt kan
fallen,

fallen *a* / ja auch mir alles zu meiner se=   *a Matt.10.*
ligkeit dienen muß *b* / darumb er mich   *Luc. 21.*
auch durch seinen heiligen Geist des ewi *b Rom.8.*
gen lebens versichert *c* / vnd jm forthin *c 2.Cor.1.*
zuleben von hertzen willig vnd bereit   *Ephes.1.*
macht. *d*   *Rom.8.*
                                                           d Rom.8.

Frag.
Wieuil stück seind dir nötig zuwis=
sen / daß du in diesem trost seliglich lebē
vnd sterben mögest?

Antwort.
Drey stück *e*. Erstlich wie groß mei=   *e Luc.24.*
ne sünde vnd elend seyen *f*. Zum andern / *1.Cor.6.*
wie ich von allen meinen sünden vnd   *Tit.3.*
elend erlöset werde *g*. Vnd zum dritten / *f Iohan.9.*
wie ich Gott für solche erlösung soll   *Iohan. 15.*
danckbar sein. *h*   *g Ioan.17.*
                                                   h Ephes.5.

Der erste Teil.
Von des menschen elend.

Frag.
Woher erkennestu dein elendt?

Auß

Antwort.
Auß dem gesetz Gottes. a

a Rom.3.

Frag.
Waß erfordert denn das Göttlich gesetz von uns?

Antwort.
Diß lehret uns Christus in einer summa/ Matth. am 22. Du solt lieben Gott deinen Herrn / von gantzem hertzen/ von gantzer seelen/ von gantzē gemüth vnd allen krefften / diß ist das fürnembste vnd das grösste gebot/ Daß ander aber ist dem gleich / Du solt deinē Nechsten liebē als dich selbs. In diesen zweyen gebotten hanget daß gantze gesetz vnd die Propheten.

Frag.
Kanstu diß alles volkömlich halten?

Antwort.

b Rom.3.
1.Ioan.1.
c Rom.8.
Ephes.2.

Nein b / denn ich bin von Natur geneigt Gott vnd meinen nechsten zu hassen. c

Hat

Frag.
Hat denn Gott den menſchen alſo böß vnd verkert erſchaffen?

Antwort.
Nein a : ſonder Gott hat den menſchen gut/ vnd nach ſeinem ebenbild erſchaffen b/ das iſt/ in warhafftiger gerechtigkeit vñ heiligkeit/ auff dz er Gott ſeinen ſchöpffer recht erkente/ vnd von hertzen liebte/ vnd in ewiger ſeligkeit mit im lebte/ jn zu loben vnd zu preiſen. c

a Gen.1.
b Gen.1.

c 2.Cor.3.
Coloſſ.3.
Epheſ.4.

Frag.
Woher kompt denn ſolche verderbte art des menſchen?

Antwort.
Auß dem fall vnd vngehorſam vnſer erſten Eltern Adams vnd Euen im Paradeis d/ da vnſer Natur alſo vergifftet worden/ daß wir alle in ſünden empfangen vnd geboren werden e.

d Gen.3.
Rom.5.
e Pſal.51.

Frag.
Sind wir aber dermaſſen verderbt/ dz
wir

wir gantz vñ gar vntüchtig seind zu einigem guten/ vnd geneigt zu allem bösen?

Antwort.

a. Ioan.3.
Iob. 15.
Iob.14.
Habac.53.

Ja. a Es sey deñ/ daß wir durch den Geist Gottes wider geboren werden.

Frag.

Thut denn Gott dem menschen nit vnrecht/ daß er in seinem gesetz von jm fordert das er nicht kan thun?

Antwort.

b Ephes.4.

Nein. b Denn Gott hat den menschen also erschaffen/ daß er es kondte thun/ der mensch aber hat sich vnd alle seine nachkommen / auß anstifftung des Teufels/ durch mutwilligen vngehorsam/ derselbigen gaben beraubt.

Frag.

Wil Gott solchen vngehorsam vnd abfall vngestrafft lassen hingehen?

Antwort.

c Rom.5.
Heb.9.

Mit nichten: c sonder er zörnet schrecklich/ beyde vber angeborne vnd würckliche

liche sünden / vnd wil sie auß gerechtem vrtheil zeitlich vnd ewig straffen / wie er gesprochen hat: Verflucht sey jederman / der nicht bleibet in allem dem / daß geschribē steht in dem buch des gesetzes / daß ers thue. a

a Deu.27.
Gal.3.

Frag.

Ist denn Gott nicht auch barmhertzig?

Antwort.

Gott ist wol barmhertzig b / er ist aber auch gerecht c / derhalben seine gerechtigkeit erfordert / daß die sünde / welche wider die allerhöchste maiestet Gottes begangen ist / auch mit der höchstē / das ist / der ewigen straff an leib vnd seel gestrafft werde.

b Exo.34.
c Exo.20.
Psal.5.
2.Cor.6.

Der ander Teil.

Von des Menschen Erlösung.

b Die-

Frag.

Dieweil wir denn nach dem gerechten vrtheil Gottes zeitliche vnd ewige straff verdient haben: wie möchten wir dieser straff entgehen / vnd widerumb zu genaden kommen?

Antwort.

a Exo.20. & 23. Num.23. Gott wil daß seiner gerechtigkeit genug geschehe a / derwegē müssen wir derselben entweder durch vns selbst / oder durch einen andern volkomene bezalung thun.

Frag.

Können wir aber durch vns selbst bezalung thun?

Antwort.

b Iob.15. & 9. Matt. 6. Mit nichten / sondern wir machen auch die schuldt noch teglich grösser. b

Frag.

Kan aber jrgend eine blosse creatur für vns bezalen?

Antwort.

c Heb.2. Keine c / denn erstlich wil Gott an keiner

keiner andern Creatur straffen / das der menſch verſchuldet hat. Zum andern / ſo kan auch keine bloſſe Creatur den laſt des ewigen zorns Gottes wider die ſünde ertragen / vnd andere daruon erlöſen. a

a Pſal.130.

Frag.
Was müſſen wir den für einen Mittler vnd Erlöſer ſuchen?

Antwort.
Einen ſolchen / b der ein warer / vnd gerechter menſch / vnd doch ſtercker den alle Creaturen / das iſt / zugleich warer Gott ſey.

b Eſai.7
Matth.1.
Iere.33.

Frag.
Warumb muß er ein warer vnd gerechter menſch ſeyn?

Antwort.
Darumb / daß die gerechtigkeit Gottes erfordert c / daß die menſchliche natur / die geſündiget hat / für die ſünde bezale / vnd aber einer / der ſelbſt ein ſünder wehr / nicht köndte für andere bezalen. d

c Rom.1.
Eſai.53.

d 1.Pet.3.

b ij   War-

Frag.

Warum muß er zugleich warer Gott sein?

Antwort.

a *Isai.53.* Daß er auß krafft seiner Gottheit a / den last des zorns Gottes / an seiner menschheit ertragen / vñ vns die gerechtigkeit / vnd das leben erwerben / vnd
b *Iere.33.* widergeben möchte. b
Iohan.1.

Frag.

Wer ist aber derselbe mittler / der zugleich warer Gott / und ein warer gerechter mensch ist?

Antwort.

c *Matth.1.* Vnser Herr Jesus Christus c / der vns
Rom.1. zur volkomenen erlösung vnd gerechtig-
1.Tim.3. keit geschenckt ist. d
d *Luc.2.*
1.Cor.1.

Frag.

Woher weistu das?

Antwort.

Auß dem heiligen Euangelio / welchs
e *Gen.3.* Gott selbst anfenglich im Paradeis e hat offenbaret: folgends durch die heilige

lige Ertzuetter *a* vnd Propheten lassen
verkündigen/ vnd durch die opffer vnd
andere ceremonien des gesetzes fürgebil=
det *b*. Entlich aber durch seinen einge=
liebten Son erfüllet. *c*

a Gen.22.
Rom.1.
Hebr.1.
b Iohan.5.
Hebr.10.
c Rom.10.
Gala.4.

Frag.
Werden denn alle menschen widerum̄
durch Christum selig/ wie sie durch A=
dam sind verloren worden?

Antwort.
Nein *d*/ sonder allein diejenigen/ die
durch waren glauben jm werden einge=
leibet/ vnd alle seine wolthaten anne=
men.

d Iohan.3.
Esai.53.
Psalm.2.
Rom.11.
Hebr.10.

Frag.
Waß ist warer glaube?

Antwort.
Es ist nicht allein ein gewisse erkänt=
nuß *e*/ dardurch ich alles für war hal=
te/ was vns Gott in seinem wort hat
offenbaret *f*/ sondern auch ein hertzli=
ches vertrawen *g*/ welches der heilige
Geist *h* durchs Euangelium in mir wir
cket *i*/ daß nicht allein andern/ sondern
auch

e Heb.11.
Iacob.2.
f Heb.11.
Ephes.3.
g 1.Cor.4.
h Rom.1.
i Galat.2.

b iij

auch mir vergebung der sünden / ewige gerechtigkeit vnd seligkeit von Gott geschenckt sey/ auß lauter gnaden/ allein

a Ephef.2. vmb des verdienſts Chriſti willen. *a*

Frag.

Waß iſt aber einem Chriſten noth zuglauben?

Antwort.

Alles was vns im Euangelio verheiſ-
b Ioan.20. ſen wird *b* / welchs vns die Artickel vnſers algemeinen vngezweiffelten Chriſtlichen Glaubens in einer ſumma lehren.

Frag.

Wie lauten dieſelben?

Antwort.

Ich glaub in Gott / Vater den almechtigē / Schöpffer himmels vnd der erden.

Vnd

Vnd in Jesum Christum/ seinen eingebornen Son / vnsern Herrn / der empfangen ist von dem heiligen Geist / geboren auß Maria der Jungfrawen/ gelitten vnter Pontio Pilato / gecreutziget / gestorben vnd begraben / abgestiegen zu der Hellen / am dritten tage wider aufferstanden von den todten / auffgefahren gen Himmel / sitzet zu der rechten Gottes des almechtigen Vaters/ von dannen er kommen wird/ zurichten die lebendigen vnd die todten.

Ich glaube in den heiligen Geist / eine heilige algemeine Christliche Kirche / die gemeinschafft der Heiligen / vergebung der sünden / aufferstehung des fleisches / vnd ein ewiges leben.

Frag.

Wie werden die Artickel abgeteilt?

Antwort.

In drey theil. Der erst ist von Gott dem Vater/ vnd vnser erschöpffung. Der ander von Gott dem Son/ vnser erlösung. Der dritt von Gott dem heiligen Geist/ vnd vnser Heiligung.

Frag.

a Deut.6. Dieweil nur ein einig Göttlich wesen ist a: warumb nennestu drey/ den Vater/ Son vnd heiligen Geist?

Antwort.

b Psal.33.
Matt.3.
Matt.28.
1.Ioan.5.

Darumb daß sich Gott also in seinem wort geoffenbaret hat b / daß diese drey vnderschiedliche Personen/ der einig warhafftig ewig Gott seind.

Von

Von Gott dem Vater.

Frag.

Waß glaubeſtu/ wenn du ſprichſt/ Ich glaub in Gott Vater/ den almechtigen/ Schöpffer Himels vnd der Erden?

Antwort.

Daß der ewig Vater vnſers Herrn Jeſu Chriſti/ der Himel vnd Erden ſampt allem was drinnen iſt/ auß nichts erſchaffen *a*/ auch dieſelbigen noch durch ſeinen ewigen rhat vnd fürſehung erhelt vnd regieret *b*: vmb ſeines Sons Chriſti willen mein Gott vnd mein Vater ſey *c*/ auff welchen ich alſo vertrawe/ daß ich nit zweifel/ er werde mich mit aller noturfft leibs vnd der ſeelen verſorgen *d*/ auch alles vbel/ ſo er mir in dieſem jamerthal zuſchicket/ mir zu gut wenden *e*: dieweil ers thun kan/ als ein almechtiger Gott *f*: vnd auch thun wil als ein getrewer Vater. *g*

a Gen.1.
Pſal.33.
b Pſa.146.
Matt.10.
Heb.1.
c Ioan.1.
Rom.8.
Gal.5.
Epheſ.1.
d Pſal.54.
Matt.6.
Luc.12.
e Rom.8.
f Rom.10.
g Matt.6.

26.
Frag.
Waß verstehestu durch die fürsehung Gottes?

Antwort.
Die almechtige vnd gegenwertige krafft Gottes *a* / durch welche er himel vnd erde / sampt allen Creaturen / gleich als mit seiner hand noch erhelt *b* / vnd also regiert / daß laub vnd graß / regen vnd dürre / fruchtbare vnd vnfruchtbare jar / essen vnd trincken *c* / gesundheit vnd kranckheit *d* / reichthumb vnd armuth *e* / vnd alles / nicht ohngefehr / sonder von seiner väterlichen hand vns zukomme.

a Act.17.
b Hebr.1.
c Iere. 5.
   Act. 14.
d Iohan.9.
e Prou.22.

Frag.
Waß für nutz bekommen wir auß erkanntnuß der schöpffung vnd fürsehung Gottes?

Antwort.
Daß wir in aller widwertigkeit gedultig *f* / in glückseligkeit danckbar *g* , vnd auffs zukünfftig guter zuuersicht / zu vnserm getrewen Gott vnd Vater sein sollen /

f Rom.5.
   Iacob.1.
   Iob.1.
g Deut.8.
   1.Thess.5.

len/das vns keine Creatur von seiner liebe scheiden wird a/ dieweil alle Creaturen also in seiner hand sind/ daß sie sich
one seinen willen auch nicht regen noch
bewegen können. b

a Rom. 5.

b Iob.1.
Rom.5.
Act 17.
Prou. 21.

Von Gott dem Son.
Frag.
Warumb wird der Son Gottes Je-
sus/ das ist/ seligmacher genañt?
Antwort.
Darumb das er vns selig macht von
vnsern sünden c/ vnd das bey keinem andern einige seligkeit zusuchen noch zu-
finden ist. d

c Matt.1.

d Act. 4.

Frag.
Glauben denn die auch an den einigen
seligmacher Jesum/ die jre seligkeit vnd
heil bey heiligen/ bey jnen selbst/ oder
anderstwo suchen?
Antwort.
Nein e: sondern sie verleugnen mit der
that den einigen seligmacher vnd Hei-
landt Jesum/ ob sie sich sein gleich
rhümen. Den entweder Jesus nicht
ein

e 1.Cor.1.

ein volkommener Heiland sein muß: oder die diesen Heiland mit warem glauben annemen / müssen alles in jm haben / daß zu jrer seligkeit vonnöten ist. a

a Esai.9.

Frag.
Warumb ist er Christus / das ist / ein gesalbter genant?

Antwort.
Daß er von Gott dem Vater verordnet / vnd mit dem heiligen Geist b gesalbet ist / zu vnserm obersten Propheten vnd Lehrer / der vns den heimlichen rhat vnd willen Gottes von vnser erlösung volkomlich offenbaret c / vnd zu vnserem einigen hohen Priester / der vns mit dem einigen Opffer seines Leibs erlöset hat / vnd jmerdar mit seiner fürbitt für dem Vatter vertrit d. Vnd zu vnserem ewigen König / der vns mit seinem wort vnd Geist regiert e / vnd bey der erworbenen erlösung schützet vnd erhelt.

b Hebr.1.
c Psal.110.
Heb.7.
Rom.8.
d Psal.2.
Luc. 1.
e Rom. 5.
Matt.28.

Frag.
Warumb wirst aber du ein Christ genennt?

Daß

Antwort.

Daß ich durch den glauben ein glied Christi *a*, vnd also seiner salbung theilhafftig bin *b*, auff daß auch ich seinen Namen bekenne *c*, mich jm zu einem lebendigen danckopffer darstelle *d*, vnd mit freyem gewissen in diesem leben wider die sünde vnd Teufel streite, vnd hernach in ewigkeit mit jm ober alle Creaturen hersche.

a Act.11.
1.Ioan.2.
b Act.2.
Ioel 2.
Marc 8.
c Rom.12.
Apoc.5.
d Rom.6.
Apoc.1.

Frag.

Warumb heist er Gottes eingeborner Son, so doch wir auch kinder Gottes sind?

Antwort.

Darumb das Christus allein der ewig natürlich Son Gottes ist *e*, wir aber vmb seinet willen auß gnadē zu kindern Gottes angenommen sind. *f*

e Ioha.1.
Heb.1.
f Rom.8.
Ephes.1.

Frag.

Warumb nennestu jn vnsern Herrn?

Antwort.

Daß er vns mit leib vnd seel von der sünden

sünden vnd auß allem gewalt des Teufels / nicht mit golt oder silber / sondern mit seinem thewern Blut / ihm zum eigenthumb elöset vnd erkaufft hat. a

a 1.Pet.1.
1.Cor.6.
1.Pet.2.

Frag.
Was heist / das er empfangen ist von dem heiligen Geist / geborn auß Maria der Jungfrawen?

Antwort.
Das der ewige Son Gottes / der warer vnd ewiger Gott ist b / vnd bleibet c/ ware menschliche natur / auß dem fleisch vnd blut der Jungfrawen Maria d / durch würckung des heiligen Geists an sich genommen hat e / auff daß er auch der ware samen Dauids sey f / seinen brüdern in allem gleich g / außgenommen die sünde. h

b Ioan.1.
Rom.1.
c Rom.9.
d Iohan.1.
e Matt.1.
Luc 1.
Ephes.1.
f Psal. 132.
Rom.1.
g Phil.2.
h Hebr.4.

Frag.
Waß nutz bekomestu auß der heiligē empfengnuß Christi?

Antwort.
Daß er mit seiner vnschuldt vnd volkom-

volkommenen heiligkeit meine sünde/ darin ich bin empfangen a/ für Gottes angesicht bedecket.

a Psal.82.
1.Cor.1.

Frag.
Was verstehestu durch das wörtlein gelitten?

Antwort.
Daß er an leib vnd seel/ die gantze zeit seines lebens auff erden/ sonderlich aber am ende desselben den zorn Gottes wider die sünde des gantzen menschlichen geschlechts getragen hat b/ auff daß er mit seinem leiden/ als mit dem einigen Sünopffer c/ vnser leib vnd seel von der ewigen verdamnuß erlösete/ vnd vns Gottes gnade/ gerechtigkeit vnd ewiges leben erwürbe.

b 1.Pet.2.
Isai.53.
c 1.Ioan.2.
1.Ioan.4.
Rom.3.

Frag.
Warumb hat er vnder dem Richter Pontio Pilato gelitten?

Antwort.
Auff daß er vnschuldig vnder dem weltlichen Richter verdammet würde d/ vnd vns damit von dem strengen vrtheil

d Luc.23.
Ioan.19.

vrtheil Gottes/ daß vber vns gehen sol-
te/ erledigte. *a*

a Psal.69.
Esai.53.
2.Cor.5.
Galat.3.

Frag.
Ist es etwas mehr/ daß er ist gecreutziget worden/ denn so er eines andern
todes gestorben were?

Antwort.
Ja/ Denn dardurch bin ich gewiß/
daß er die vermaledeiung die auff mir
lage/ auff sich geladen habe *b*. Dieweil
der todt des Creutzs von Gott verflucht
war. *c*

b Galat.3.

c Deut.21.
Galat. 3.

Frag.
Warumb hat Christus den todt müssen leiden?

Antwort.
Darumb/ daß von wegen der gerechtigkeit vnd warheit *d* Gottes nicht anderst für vnsere sünden möchte bezalet
werden/ denn durch den todt des Sons
Gottes. *e*

d Gen. 2.

e Heb.2.

Frag.
Warumb ist er begraben worden?

Damit

Antwort.

Damit zubezeugen / das er warhaff=
tig gestorben sey. *a*   *a* Mat.27.
Luc.23.
Frag.   Iohan.19.

Weil denn Christus für vns gestor=   Act.13.
ben ist / wie kompts daß wir auch ster=
ben müssen?

Antwort.

Vnser todt ist nicht ein bezalung für
unser sünde: sonder nur ein absterbung
der sünden / vnd eingang zum ewigen   *b* Ioan.5.
leben. *b*   Phil.1.

Frag.

Was bekommen wir mehr für nutz
auß dem opffer vnd todt Christi am
Creutz?

Antwort.

Daß durch seine krafft vnser alter
mensch mit jm gecreutziget / getödtet vn̄
begraben wird *c*/ auff daß die bösen lü=   *c* Rom. 6.
ste des fleisches nicht mehr in vns regie=   Coloss. 2.
ren *d* / sonder daß wir vns selbst jm zur   *d* Rom. 6.
danckfagung auffopffern. *e*   *e* Rom. 12.

c   War=

34.

Frag.

Warumb folget abgefaren zu der hellen?

Antwort.

Daß ich in meinen höchsten anfechtungen versichert sey / mein Herr Christus habe mich durch seine vnaußsprechliche angst / schmertzen vnd schrecken / die er auch an seiner seelē / am Creutz vn̄ zuuor erlitten / von der hellischen angst vnd pein erlöset. a

a *Esai.* 53.
Mat. 27.

Frag.

Was nützet vns die aufferstehung Christi?

Antwort.

Erstlich hat er durch seine aufferstehung den todt oberwunden / daß er vns der gerechtigkeit/ die er vns durch seinen todt erworben hat / köndte theilhafftig machen b. Zum andern daß auch wir jetzunder durch seine krafft erwecket werden / zu einem newen leben c. Zum dritten ist vns die aufferstehung Christi ein gewiß-

b 1. *Cor.* 15.
Rom. 4.
1. *Pet.* 1.
c *Rom.* 6.
Coloss. 3.

gewisses pfandt vnserer seligen aufferstehung. a

a 1.Cor.15.
Ephes.2.

Frag.
Wie verstehestu daß er ist gen himmel gefaren?

Antwort.
Daß Christus für den augen seiner jünger/ ist von der erdē auffgehabē gen himmel b/ vnd vns zu gut daselbst ist c/ biß das er widerkompt zu richten die lebendigen vnd die todten. d

b Act. 1.
Matt.26.
Mar.16.
Luc.24.

c Heb.4.
7. & 9.
Rom.8.
Ephes.4.

d Act.1.
Matt.24.

Frag.
Ist denn Christus nit bey vns biß ans ende der welt/ wie er vns verheissen hat? e

e Mat.28.

Antwort.
Christus ist warer mensch vnd warer Gott: Nach seiner menschlichen natur/ ist er jetzunder nit auff erden f: aber nach seiner Gottheit/ Maiestet/ gnad vnd Geist weicht er nimmer von vns. g

f Matt.26.

g Ioan.14.
& 16.
Matt.28.
Ephes.4.

Frag.
Werden aber mit der weis die zwo natu-

naturen in Christo nit von einander getrennet/ so die menscheit nicht vberal ist/ da die Gottheit ist?

Antwort.

Mit nichten: Denn weil die Gottheit vnbegreiflich vnd allenthalben gegenwertig ist *a*: so muß folgen/ daß sie wol ausserhalb jrer angenommenen menscheit/ vnd dennoch nichts destoweniger auch in derselben ist/ vnd personlich mit jr vereiniget bleibt. *b*

a Act.7.

b Coloss.2.

Frag.

Was nützet vns die Himmelfart Christi?

Antwort.

Erstlich daß er im himmel für dem angesicht seines Vaters vnser fürsprecher ist *c*. Zum andern/ daß wir vnser fleisch im himel zu einem sichern pfandt haben/ daß er als das haupt/ vns seine glieder auch zu sich werde hinauff nemen *d*. Zum dritten/ daß er vns seinen Geist zum gegenpfand herab sendet *e*/ durch welches krafft wir suchen/ was droben

c 1.Ioan.2.
Rom.8.
d Ioan.14.
& 20.
Ephes.2.
e Ioan.14.
Act.2.
2.Cor.1.
2.Cor.5.

droben ist / da Christus ist / sitzendt zu
der rechten Gottes / vnd nicht das auff
erden ist. a

Frag.
Warumb wird hinzu gesetzt / daß er
sitze zur rechten Gottes?

Antwort.
Daß Christus darumb gen himel ge=
faren ist / daß er sich daselbst erzeige / als
das haupt seiner Christlichen kirchen b /
durch welches der Vater alles regiert. c

Frag.
Was nützet vns diese herligkeit vnsers
haupts Christi?

Antwort.
Erstlich daß er durch sein heiligen
Geist / in vns seine glieder / die himlischē
gaben außgeust d. Darnach / daß er vns
mit seinem gewalt wider alle feind schü
tzet vnd erhelt. e

Frag.
Was tröstet dich die widerkunfft
Christi

a Coloss.3.
Phil.3.

b Ephes.1.
Coloss.1.
c Mat.28.
Ioha.5.

d Ephes.4.

e Psal.2.
Ioan.10.
Ephes.4.

Christi zu richten die lebendigen vnd die todten?

Antwort.

Daß ich in allem trübsal vnd verfolgung mit auffgerichtem haupt / ebē des Richters der sich zuuor dem gericht Gottes für mich dargestelt / vnd alle vermaledeiung von mir hinweg genommen hat / auß dem himel gewertig bin *a* / daß er alle seine vnd meine feinde / in die ewige verdamnuß werffe *b* : mich aber sampt allen außerwelten zu jm in die himlische freud vnd herrligkeit neme. *c*

a Luc.21.
Rom.8.
Phil.3.
Tit.2.
b 2.Thess.1.
1.Thess.4.
Matt.25.
c Matt.25.

Von Gott dem heiligen Geist.

Frag.
Was glaubestu vom heiligen Geist?

Antwort.
Erstlich daß er gleich ewiger Gott mit dem Vater vnd dem Son ist *d*. Zum andern daß er auch mir gegeben ist /

d Gen.1.
Esai.48.
1.Cor.3.
1.Cor.6.
Act.5.

ist *a* / mich durch ein waren glauben / Christi vnd aller seiner wolthaten theilhafftig macht *b* / mich tröstet *c* / vñ bey mir bleiben wird biß in ewigkeit. *d*

Frag.
Was glaubstu von der heiligen algemeinen Christlichen Kirchen?

Antwort.
Daß der Son Gottes auß dem gantzen menschlichen geschlecht *e* / jhm ein außerwelte gemein zum ewigen leben *f* / durch sein Geist vnd wort *g* in einigkeit des waren glaubens *h* / von anbegin der welt / biß ans end versamle / schütze vnd erhalte / vnd daß ich derselben ein lebendiges glied bin *i* / vnd ewig bleiben werde.

Frag.
Was verstehestu durch die gemeinschafft der Heiligen?

Antwort.
Erstlich daß alle vnd jede glaubigen / als glieder / an dem HERRN Christo / vnd allen seinen schetzen

a Matt.28.
2.Cor.1.
b Galat.3.
1.Pet.1.
1.Cor.6.
c Act.9.
d Ioan.14.
1.Pet.4.

e Gen.4.
f Rom.8.
Ephes.1.
g Esai 59.
Rom.10.
h Ephes.5.
i Matt.16.
Ioan.10.
1.Cor.1.

vnd gabē / gemeinschafft haben a. Zum
andern / daß ein jeder seine gaben zu nutz
vnd heil der andern glieder / willig vnd
mit freuden anzulegen sich schuldig wis
sen sol. b

a 1.Ioan. 1.
1.Cor.1.

b 1.Cor.12.
1.Cor. 13.
Phil.2.

Frag.
Waß glaubstu von vergebung der Sünden?

Antwort.
Daß Gott umb der gnugthuung Christi willen c / aller meiner sünden / auch der sündlichen art / mit der ich mein lebenlang zu streiten habe d / nimmermehr gedencken wil: sonder mir die gerechtigkeit Christi auß gnaden schencket / daß ich ins gericht nimmermehr soll kommen. e

c 2.Cor.5.
Ierem.31.
Psal. 103.
d Rom.7.
& 8.

e Iohan.3.

Frag.
Waß tröst dich die aufferstehung des fleisches?

Antwort.
Daß nicht allein meine seel nach diesem lebē als bald zu Christo jrem haupt genommen wird f: sondern auch das
diß

f Luc. 23.
Phil.1.
1.Cor. 15.
Iob.19.

diß mein fleisch durch die krafft Christi aufferweckt/ wider mit meiner seelen vereiniget/ vnd dem heiligen Leib Christi gleichformig werden sol.

Frag.
Was tröst dich der Artickel vom ewigen leben?

Antwort.
Daß/ nach dem ich jeßunder den anfang der ewigen freude in meinem herßen empfinde: ich nach diesem leben volkommene seligkeit besißen werde/ die kein aug gesehen/ kein ohr gehört/ vnd in keines menschen herß nie komen ist/ Gott ewiglich darin zupreisen. a

a Ioan.17.
1.Cor.2.

Frag.
Was hilfft es dich aber nun/ weñ du diß alles glaubest?

Antwort.
Daß ich in Christo für Gott gerecht/ vnd ein erb des ewigen lebens bin. b

b Ioan.16.

Frag.
Wie bistu gerecht für Gott?

c v   Allein

Antwort.

a Rom.3.
Galat.2.
Ephes.2.
Phil.3.

b Rom.3.
c Rom.7.
d 2.Tim.3.
e Rom.3.
Ephes.2.
f 1.Ioan.2.
g 1.Ioan.2.
h Rom.4.
2.Cor.5.
i 2.Cor.5.

Allein durch waren glauben in Jesum Christum *a*: Also / daß ob mich schon mein gewissen anklagt / daß ich wider alle Gebot Gottes schwerlich gesündiget / vnd derselben keines nie gehalten habe *b* / auch noch jmmerdar zu allem bösen geneigt bin *c*: doch Gott ohn alle meine verdienst *d* / auß lauter gnade *e* / mir die volkommene gnugthuung *f* / gerechtigkeit vnd heiligkeit Christi schencket *g* vn̄ zurechnet *h* / als hette ich nie kein sünde begangen noch gehabt / vnd selbst alle den gehorsam vollbracht / den Christus für mich hat geleistet *i* / wenn ich allein solche wolthat mit glaubigē hertzen anneme.

Frag.

Warumb sagstu daß du allein durch den glauben gerecht seyest?

Antwort.

Nicht daß ich von wegen der wirdigkeit meines glaubens Gott gefalle: sondern darumb das allein die gnugthuung /

thuung / gerechtigkeit vnd heiligkeit Christi / meine gerechtigkeit für Gott ist a / vnd ich dieselbe nit anderst / denn allein durch den glauben annemen / vnd mir zueignen kan. b

a 1.Cor.1.

b 1.Ioan.5.

Frag.

Warumb können aber vnsere gute werck nit die gerechtigkeit für Gott / oder ein stück derselben sein?

Antwort.

Darumb daß die gerechtigkeit / so für Gottes gericht bestehen sol / durchauß volkommen / vnd dem Göttlichen gesetz gantz gleichformig sein muß c / vnd aber auch vnsere beste werck / in diesem leben alle vnuolkomen / vnd mit sünden befleckt sind. d

c Galat.3.
Deu.27.

d Esai.64.

Frag.

Verdienen aber vnsere gute werck nichts / so sie doch Gott in diesem vñ zukünfftigem leben wil belohnen?

Antwort.

Diese belohnung geschicht nit auß verdienst /

a Luc. 17. verdienst / sondern auß gnaden. *a*

Frag.

Macht aber diese lehr nicht sorglose vnd verruchte leut?

Antwort.

Nein / denn es vnmöglich ist / daß die / so Christo durch waren glauben sind eingepflantzt / nicht frucht der danckbar-
b Matt.17. keit sollen bringen. *b*

Von den heiligen Sacramenten.

Frag.

Dieweil den allein der glaub vns Christi / vnd aller seiner wolthaten theilhafftig macht / woher kompt solcher glaube?

Antwort.

Der heilig Geist würckt denselben in
c Ephes.2. vnsern hertzen *c* / durch die predig des
Ioan.3. heiligen Euangelions / vn bestetiget den
d Matt.28. durch den brauch der heiligen Sacra-
1.Pet.1. mente. *d*

Was

45.

Frag.
Was seind die Sacrament?

Antwort.
Es seind sichtbare heilige warzeichen vnd Sigill/ von Gott darzu eingesetzt/ daß er vns durch den brauch derselben/ die verheissung des Euangelions desto besser zuuerstehen gebe/ vnd versigele: Nemlich daß er vns von wegen des einigen opffers Christi/ am Creutz volbracht/ vergebung der sünden/ vnd ewiges leben auß gnaden schencke. a

a Gen.17.
Rom.4.
Deut.30.
Leuit.6.
Heb.9.
Esech.20.

Frag.
Seind denn beyde das wort vnd die Sacrament dahin gericht/ daß sie vnsern glauben/ auff das opffer Jesu Christi am Creutz/ als auff den einigē grund vnserer seligkeit weisen?

Antwort.
Ja freylich/ deñ der heilig Geist lehret im Evāgelio/ vñ bestetiget durch die heiligen Sacrament/ daß vnsere gantze seligkeit stehe in dem einigen opffer Christi/ für vns am Creutz geschehen. b

b Rom.6.
Galat.3.

Wie-

Frag.
Wieuiel Sacrament hat Christus im newen Testament eingesetzt?
Antwort.
Zwen/ Den Heiligen Tauff/ vnd das heilig Abendmal.

Vom heiligen Tauff.
Frag.
Wie wirstu im heiligen Tauff erinnert vnd versichert/ daß das einige opffer Christi am Creutz dir zu gut komme?
Antwort.
Also daß Christus diß eusserlich wasserbad eingesetzt/ vnd darbey verheissen hat/ daß ich so gewiß mit seinem blut vnd geist/ von der vnreinigkeit meiner seelen/ das ist/ allen meinen sünden gewaschen sey/ so gewiß ich eusserlich mit dem wasser/ welches die vnsauberkeit des leibs pflegt hinzunemen/ gewaschen bin. *a*

a Mar.1.
Luc.3.

Was

Frag.

Was heißt mit dem blut vnd Geist Christi gewaschen sein?

Antwort.

Es heißt vergebung der sünden von Gott auß gnaden haben/ vmb des bluts Christi willen/ welchs er in seinem opffer am Creutz für vns vergossen hat a: Darnach auch durch den heiligen Geist ernewert/ vnd zu einem glied Christi geheiliget sein/ daß wir jelenger je mehr der sünden absterben, vn̄ in einem Gott seligen/ vnstreflichen leben wandlen. b

a *Hebr.12.*
1.Pet.1.
Apoc.1.
Zach.13.
Esech.36.

b *Ioan.1.*
Iohan.3.
1.Cor.6.
1.Cor.12.
Rom.6.
Coloss.2.

Frag.

Wo hat Christus verheissen/ dz wir so gewiß mit seinem blut vnd geist als mit dem tauffwasser gewaschen seind?

Antwort.

In der einsetzung des Tauffs/ welche also lautet. Gehet hin / vnd lehret alle Völcker/ vnd tauffet sie/ im namen des Vaters vnd des Sons/ vn̄ des heiligen Geists/

wer

wer da glaubet vnd getauffet wird / der wird selig werden: wer aber nicht glaubt / der wird verdampt werden. a Diese verheissung wirdt auch widerholet / da die schrifft den Tauff das bad der widergeburt b vnd abwaschung der sünden nennet. c

a Mar. 16.
b Tit. 3.
c Act. 22.

Frag.
Ist denn das eusserlich wasserbad die abwaschung der sünden selbst?

Antwort.
Nein d / denn allein das blut Jesu Christi / vnd der heilige Geist reiniget vns von allen sünden. e

d Matt. 3.
1. Pet. 3.
Ephes. 5.
e 1. Joh. 1.
1. Cor. 6.

Frag.
Warumb nennet denn der heilige Geist den Tauff das bad der widergeburt / vnd die abwaschung der sünden?

Antwort.
Gott redet also nicht ohne grosse vrsach /

sach/ nemlich/ nit allein das er vns damit wil lehren/ daß/ gleich wie die vnsauberkeit des leibs durch wasser/ also vnsere sünden durchs blut vn geist Christi hinweg genommen werden a : sonder viel mehr/ dz er vns durch diß Göttlich pfand vnd warzeichen wil versicheren/ daß wir so warhafftig von vnsern sünden geistlich gewaschen sind/ als wir mit dem leiblichen wasser gewaschen werden. b

a Apoc. 1.
& 7.
1.Cor. 6.

b Marc.16.
Galat. 3.

Frag.
Soll man auch die jungen Kinder tauffen?

Antwort.
Ja : Denn dieweil sie so wol als die alten in den bundt Gottes vnd seine gemein gehören c / vnd jnen in dem blut Christi die erlösung von sünden d / vnd der heilig Geist / welcher den glauben wircket / nit weniger denn den alten zugesagt wird e / so sollē sie auch durch den tauff / als des Bunds zeichē / der Christlichen Kirchen eingeleibt / vnd von der
        b   vnglau-

c Gen.17
d Matt.19.

e Luc. 1.
Psal.22.
Esai.46.
Act. 2.

vnglaubigen kindern vnderscheidē werden a / wie im alten Testament durch die beschneidung geschehen ist b / an welcher stat im newen Testament der Tauff ist eingesetzt. c

a Act.10.
b Gen.17.
c Coloss.2.

Vom heiligen Abendmal Jesu Christi.

Frag.

Wie wirstu im heiligen Abendmal erinnert vnd versichert / daß du an dem einigen opffer Christi am Creutz / vnd allen seinen gütern gemeinschafft habest?

Antwort.

Also das Christus mir vnd allen glaubigen von diesem gebrochnen brod zu essen / vnd von diesem Kelch zu trincken befohlen hat / vnd darbey verheissen / Erstlich daß sein leib so gewiß für mich am Creutz geopffert vnd gebrochen / vnd sein blut für mich vergossen sey / so gewiß

gewiß ich mit augen sehe / daß das brod des Herrn mir gebrochen / vnd der Kelch mir mitgeteilet wird. Vnd zum andern / daß er selbst meine seel mit seinem gecreutzigten leib vnd vergossenen blut so gewiß zū ewigen leben speise uñ trencke / als ich auß der handt des Dieners empfange vnd leiblich niesse das brod vnd den Kelch des Herrn / welche mir als gewisse warzeichen des leibs vñ bluts Christi gegeben werden.

Frag.

Was heist den gecreutzigten leib Christi essen / vñ sein vergossen blut trincken?

Antwort.

Es heist nit allein mit glaubigem hertzen das gantze leiden vnd sterben Christi annemen / vnd dardurch vergebung der sünden vnd ewiges leben bekomen: a   *a Ioan. 6.*
Sonder auch darneben durch den heiligen Geist / der zugleich in Christo vnd in vns wonet / also mit seinem gebenedeyten leib je mehr vnd mehr vereiniget werden b / daß wir / obgleich er im him=   *b Ioan. 6.*

mel a/ vn̄ wir auff erden sind / dennoch fleisch von seinem fleisch / vnd bein von seinen beinen sind b / vnd von einem geist (wie die glieder vnsers leibs von einer seelen) ewig leben vnd regieret werden. c

a Act.3.
1.Cor.11.
b Ephes.5.
1.Cor.6.
1.Ioan.3.
& 4.
Ephes.3.
Ioha.14.

c Ioan.6.
& 15.
Ephes.4.

Frag.

Wo hat Christus verheissen / daß er die glaubigen so gewiß also mit seinem leib vnd blut speise vnd trencke / als sie von diesem gebrochnen brod essen / vnd von diesem Kelch trincken?

Antwort.

In der einsatzung des Abendmals / welche also lautet *d* : **Vnser HErr Jesus in der nacht da er verrha ten ward / nam er das brodt/ dancket vnd brachs vn̄ sprach/ Nemet / esset / das ist mein leib/ der für euch gebrochen wirdt/ Solches thut zu meiner gedecht nuß. Desselben gleichen auch den**

d 1.Cor.11.
Matt.26.
Mar.14.
Luc.22.

den Kelch / nach dem Abendt=
mal / vnd sprach: Dieser Kelch
ist das newe Testament in meinem blut / solches thut / so offt
jrs trinckt / zu meiner gedecht=
nuß: Denn so offt jr von die=
sem brod esset / vnd von diesem
Kelch trincket / solt jr des Her=
ren todt verkündigen / biß das
er kompt. Vnd diese verheissung wirt
auch widerholet durch S. Paulum a a 1.Cor.10.
da er spricht: Der kelch der danck=
sagung / damit wir dancksagē /
ist er nit die gemeinschafft des
bluts Christi? Das brodt das
wir brechen / ist das nit die ge=
meinschafft des leibs Christi?
denn ein brod ists / so seind wir
viel ein leib / dieweil wir alle

D iij eines

eines brods theilhafftig seind.
Frag.
Wird deñ auß brot vnd wein der we‍sentlich leib vnd blut Christi?
Antwort.
Nein: sonder wie das wasser in der Tauff / nit in dz blut Christi verwādelt / oder die abwaschung der sünden selbst wird / deren es allein ein Göttlich warzei‍chen vnd versicherung ist *a* : also wird auch dz heilig brod im Nachtmal nit d‍ leib Christi selbst *b* / wiewol es nach art vnd brauch der Sacramenten *c* der leib Christi geneñt wird.

a Matt. 26.
Mar. 14.
b 1. Cor. 11.
1. Cor. 10.
c Gen. 17.
Exod. 12.
Tit. 3.
1. Pet. 4.
1. Cor. 10.

Frag.
Warum̄ nennet deñ Christus das brod seinē leib / vñ den Kelch sein blut / oder dz newe Testament in seinē blut / vnd S. Paulus die gemeinschafft des leibs vnd bluts Jesu Christi?
Antwort.
Christus redet also nit one grosse vr‍sach / nemlich / daß er vns nit allein da‍mit wil lehren / daß / gleich wie brod vñ wein

wein das zeitliche leben erhalten / also sey auch sein gecreutzigter leib vnd vergossen blut / die ware speiß vnd tranck vnser seelen / zum ewigen leben a : sonder viel mehr daß er vns durch diß sichtbare zeichen / vnd pfand wil versichern / daß wir so warhafftig seines waren leibs vñ bluts durch wirckung des heiligē Geists theilhafftig werden / als wir diese heilige warzeichen / mit dem leiblichē mund zu seiner gedechtnuß empfangen: vnd dz all sein leiden vnd sterben so gewiß vnser eigen sey / als hetten wir selbst an vnser eigen person alles gelitten vnd genug gethan.

a Iohan.6.

b 1.Cor.10.

Frag.
Welche sollen zu dem Tisch des Herren kommen?

Antwort.
Die jnen selbst umb jrer sünden willen mißfallen / vñ doch vertrawen / daß die selbige jnen verziegen vnd die vbrige schwachheit mit dem leiden vnd sterben Christi bedeckt sey / begeren auch je mehr
vnd

vnd mehr jren glauben zustercken vnd jr leben zu beſſern / die vnbußfertigen aber vnd heuchler eſſen vn̄ trincken jnen ſelbſt das gericht. a

a 1.Cor.10. & 11.

Frag.

Sollē aber zu dieſem Abendmal auch zugelaſſen werden / die ſich mit jrer bekan̄tnuß vnd leben / als vnglaubige vnd Gottloſe erzeigen?

Antwort.

Nein: denn es wirdt alſo der bundt Gottes geſchmecht / vnd ſein zorn vber die gantze gemein gereitzet b. Derhalben die Chriſtliche Kirch ſchuldig iſt / nach der ordnung Chriſti vn̄ ſeiner Apoſteln / ſolche biß zu beſſerung jres lebens durch das ampt der ſchlüſſel außzuſchlieſſen.

b 1.Cor. 11. Eſai.1. & 66. Ierem.7. Pſal.50.

Frag.

Was iſt das ampt der Schlüſſel?

Antwort.

Die Predig des heiligē Euangelions/ vnd die Chriſtliche Bußzucht / durch welche beide ſtück das himmelreich den glaubi=

glaubigen auffgeschlossen / vnd den vnglaubigen zugeschlossen wird.

Frag.

Wie wird das himmelreich durch die predig des heiligen Euangelions auff vnd zugeschlossen?

Antwort.

Also / das nach dem befelch Christi allen vnd jeden glaubigen verkündigt vnd offentlich bezeuget wird/ daß jnē so offt sie die verheissung des Euangelions mit warem glauben annemen / warhafftig alle jre sünden von Gott / umb des verdiensts Christi willen vergeben sind: vnd herwiderumb allen vnglaubigen vnd heuchlern / daß der zorn Gottes vn̄ die ewige verdamnuß auff jnen ligt / so lang sie sich nit bekeren a : Nach welchē zeugnuß des Euangelij Gott beide in disem vn̄ zukünfftigen leben vrtheilē wil.

a Ioan.20.
Matt. 16.

Frag.

Wie wird das Himelreich auff vnd zugeschlossen / durch die Christliche Bußzucht?

D v Also

Antwort.

Also daß nach dem befehl Christi / die jenigen so vnter dem Christlichē namen/ vnchristliche lehr od wandel führē / nach dem sie etlich mal brüderlich vermanet sein/ vnd von jren jrthumen oder lastern nit abstehen / der kirchen oder denen / so von der kirchē darzu verordnet sind / angezeigt / vn͂ so sie sich an derselbē vermanung auch nit keren/ von jnen durch verbietung der heiligē Sacrament auß der Christlichē gemein/ vn͂ von Gott selbst / auß dem Reich Christi werden außgeschlossen: vn͂ widerum͂ als glieder Christi / vnd der kirchen angenomen/ wen͂ sie ware besserung verheissen vn͂ erzeigen. a

a *Matt.18.*
1.Cor.5.
1.Theſſ.3.
2.Iohan.

Der dritte Teil.
Von der Danckbarkeit.

Frag.

Dieweil wir denn auß vnserm elendt one alle vnsere verdienst / auß gnaden durch Christum erlöset seind / warumb sollen wir gute werck thun?

Dar=

59.
Antwort.

Darumb, daß/ nachdem vns Chri=
stus mit seinem blut erkaufft hat/ so er=
newert er vns auch durch seine heiligen *a Rom. 6.*
Geist zu seinē ebenbild / daß wir mit vn= *& 12.*
serm gantzen leben vns danckbar gegen *1.Pet.2.*
Gott für seine wolthat erzeigen a/ vñ er *1.Cor.6.*
durch vns gepriesen werde b / darnach *b Matt.5.*
auch/ das wir bey vns selbst vnsers glau *1.Pet.2.*
bens auß seinen früchten gewiß sein c / *c 1.Pet.1.*
vnd mit vnserm Gottselige wandel/ vn= *Matt.7.*
sere nechsten auch Christo gewinnen. d *Galat.5.*
d 1.Pet.3.
Frag.
Rom.14.

Können denn die nicht selig wer=
den / die sich von jrem vndanckbaren
vnbußfertigen wandel zu Gott nicht
bekeren?

Antwort.

Keinswegs: denn/ wie die schrifft sa=
get/ kein vnkeusscher/ Abgöttischer/
Ehebrecher/Dieb/Geitziger/Truncken= *e 1.Cor.6.*
poltz/Lesterer/Rauber vnd dergleichen *Ephes.5.*
wird das reich Gottes erben. e *1.Ioan.3.*

In

60.
Frag.
In wieuiel stücken stehet die warhafftige buß oder bekerung des menschen?
Antwort.
In zweyen stücken: In absterbung des alten a/ vn aufferstehung des newe menschen.

a Rom. 6.
Ephes. 4.
Coloss.3.
1.Cor.5.

Frag.
Waß ist die absterbung des alten menschen?
Antwort.
In die sünde von hertzen laßen leidt sein/ vnd dieselbige je lenger je mehr haßen vnd fliehen. b

b Rom.8.
Ioel 2.

Frag.
Waß ist die aufferstehung des newen menschen?
Antwort.
Hertzliche freud in Gott/ vnd lust vñ lieb haben nach dem willen Gottes c/ in allen guten wercken zuleben. d

c Rom.5.
& 14.
Gal.2.
d Rom.6.

Frag.
Welches seind aber gute werck?

Allein

Antwort.

Allein die auß warem glauben *a*/ nach dem gesetz Gottes *b* jm zu ehren geschehen *c*/ vnd nicht die auff vnser gutdüncken oder menschensatzung gegründet seind.

Frag.
Wie laut das gesetz des Herrn?

Antwort.

a Rom.14.
b 1.Sam.11.
 Ephef.2.
c 1.Cor.10.
d Deut.12.
 Ezech.20.
 Efai.29.
 Matt.15.

Gott redet alle dise wort.

I.
Ich bin der HERR dein Gott / der ich dich auß Egyptenland / auß dem Diensthauß gefüret habe.

Du solt kein ander Götter für mir haben.

II.
Du solt dir kein Bildnuß noch jrgendt ein gleichnuß machen/

chen / weder deß / das oben im Himel / noch deß / das vnden auff Erden / oder deß / das im waſſer vnder der erden iſt / Du ſolt ſie nicht anbeten / noch jnen dienen / denn ich der Herꝛ dein Gott bin ein ſtarcker eyueriger Gott / der die miſſethat der Vä=ter heimſucht an den Kindern biß ins dritt vnd vierd glid / de=ren die mich haſſen / vnd thue barmhertzigkeit an viel tauſen=den die mich lieben / vnd meine Gebot halten.

III.

Du ſolt den Namen des Her ren deines Gottes nicht miß=brauchen / Denn der Herꝛ wird den

den nicht vngestrafft lassen / der seinen namen mißbraucht.

IIII.

Gedenck des Sabbathtags/ das du jhn heiligest. Sechs tag soltu arbeiten / vnd alle deine werck thun / aber am siebenden tage ist der Sabbath des Herren deines Gottes / da solt du keine arbeit thun / noch dein Son/ noch deine Tochter / noch dein Knecht/ noch deine magt/ noch dein Vieh / noch 8 frembling der in deinē thoren ist. Dē in sechs tagē hat der Herr himel vn̄ erden gemacht/ vn̄ dz mehr/ vnd alles was drinnen ist / vnd rhuete am sibendē tage / darum̄ segnete

segnete der Herr den Sabbath tag/ vnd heiligte jn.

V.

Du solt dein Vater vnd deine Mutter ehren / auff daß du lang lebest im Land/ das dir der Herr dein Gott gibt.

VI.

Du solt nit tödten.

VII.

Du solt nit Ehebrechen.

VIII.

Du solt nit stelen.

IX.

Du solt kein falsch zeugnuß reden wider deinen nechsten.

X.

Laß dich nit gelüsten deines nechsten Hauß / Laß dich nit gelüsten deines nechsten weibs/ noch)

noch seines Knechts / noch seiner Magd / noch seines Ochsen / noch seines Esels / noch alles das dein nechster hat.

Frag.
Wie werden diese Gebot geteilt?

Antwort.
In zwo Tafeln a / deren die erste in vier gebotten lehret / wie wir vns gegen Gott sollen halten. Die ander in sechs gebottē / was wir vnserm nechsten schuldig seind. b

a Exo. 34.
Deut. 4.

b Matt. 22.

Frag.
Was erfordert der Herr im ersten Gebot?

Antwort.
Daß ich bey verlierung meiner seelen heil vnd seligkeit alle abgötterey c / zauberey / aberglaubische segen d / anruffung der Heiligen oder anderer Creaturen e / meiden vnd fliehen sol / vnd den einigen waren Gott recht erkennen f / jm

c 1. Cor. 6.
d Leuit. 19.
Deut. 18.
e Matt. 4.
Apoc. 19.
f Ioan. 17.

e allein

a Iere.17.
b 1.Pet.3. allein vertrawen *a*/ in aller demut *b* vnd
c Hebr.10. gedult *c*/ von jm allein alles guts gewar
Coloſſ.1. ten *d*/ vn̄ jn von gantzem hertzen lieben /
Rom.5. fürchten vnd ehren *e*: alſo daß ich ehe al=
1.Cor.10. le creaturen vbergebe/ den̄ in dem gering
Phil.2. ſten wider ſeinen willen thue.
d Deut.6.
Matt.22. ### Frag.
Pſal.111. Was iſt Abgötterey?
Prou.1. ### Antwort.
Matt.10. An ſtat des einigen waren Gottes/ der
Act.5. ſich in ſeinem wort hat offenbaret / o=
e Matt.4. der neben demſelbigē etwas anderſt dich
Act.5. ten oder haben / darauff der menſch ſein
f Epheſ.5. vertrawen ſetzt.*f*
1.Par.16.
Phil.3. ### Frag.
Gala.4. Was wil Gott im andern Gebot?
Epheſ.2. ### Antwort.
1.Ioan.2. Daß wir Gott in keinem weg verbil=
2.Ioan.6. den *g*/ noch auff jrgend eine andere wei=
& 5. ſe/ denn er in ſeinem wort befohlen hat /
verehren ſollen. *h*
g Deut.4.
Eſai.40. ### Frag.
Rom.1. Sol man den̄ gar kein bildnuß mache̅?
Act.17. *h 1.Sam.15. Deu.12.*

Gott

Antwort.

Gott kan vnd sol keines weges abge=
bildet werden: die Creaturen aber/ ob sie
schon mögen abgebildet werden / so ver
beut doch Gott derselbigen bildnuß zu
machen vnd zu haben / daß man sie ver
ehre oder jm damit diene. a

a Exo. 23.
Num. 33.
Deut. 7.
2. Reg. 18.

Frag.

Mögen aber nicht die bilder als der
leyen bücher / in den Kirchen gedultet
werden?

Antwort.

Nein / denn wir nit sollen weiser sein
denn Gott / welcher seine Christenheit
nit durch stumme götzen b / sonder durch
die lebendige predig seines worts wil
vnderwiesen haben. c

b Iere. 10.
Habac. 2.
c 2. Pet. 1.
2. Tit. 3.

Frag.

Was wil das dritt Gebot?

Antwort.

Das wir nicht allein mit fluchen d / o=
der mit falschem ayd e : sonder auch mit
vnnötigem schwerē f den namē Gottes

d Leui. 24.
e Leuit. 19.
f Matt. 5.
Iac. 5.

e ij   nicht

nicht lestern oder mißbrauchen / noch vns mit vnserm stilschweigen vnd zusehen solcher schrecklichen sünden theilhafftig machen. Vnd in summa / daß wir den heiligen namen Gottes anderst nicht / denn mit forcht vnd ehrerbietung gebrauchen a / auff daß er von vns recht bekent b / angeruffen c / vnd in all vnsern worten vnd wercken d / gepriesen werde.

a Esai. 45.
b Matt. 10.
c 1. Tim. 2.
d Rom. 2.
1. Tim. 6.
Coloss. 3.

Frag.

Ist denn mit schweren vnd fluchen Gottes namen lestern / so ein schwere sünde / daß Gott auch vber die zürnet / die / souiel an jnen ist / dieselbe nicht helffen wehren vnd verbieten?

Antwort.

e Leuit. 5.

Ja freylich e / Denn keine sünde grösser ist / noch Gott hefftiger erzürnet / den lesterung seines namens / Darumb er sie auch mit dem todt zustraffen befohlen hat. f

f Leui. 24.

Frag.

Mag man aber auch Gottselig bey dem

dem Namen Gottes einen Ayd schweren?

Antwort.

Ja. Wenn es die Oberkeit von jren vnderthanen/ oder sonst die noth erfordert/ trewe vnd warheit zu Gottes ehr vnd des nechsten heil dardurch zuerhalten vnd zufürdern. Denn solches aydschwerē ist in Gottes wort gegründet a/ vnd derhalben von den Heiligen im alten vnd newen Testament recht gebrauchet worden. b

a Deut.6.
Esai.48.
Heb.6.
b Gen.21.
& 31.
Esai.9.
1.Sam.24.
2.Sam.3.
1.Reg.1.
Rom.1.
2.Cor.1.

Frag.

Mag man auch bey den Heiligen oder andern Creaturen ayd schweren?

Antwort.

Nein: Denn ein rechtmessiger ayd ist ein anruffung Gottes/ daß er als der einig hertzkündiger/ der warheit zeugnuß wölle geben/ vnd mich straffen/ so ich falsch schwere c/ welche ehr dē keiner creaturen gebüret. d

c 2.Cor.1.
d Matt.5.
Iacob.5.

Frag.

Waß wil Gott in dem vierdte gebot?

Antwort.

a Tit. 1.
1. Tim. 3.
4. & 5.
1. Cor. 9.
2. Tim. 2.
& 3.
b Pſal. 40.
& 68.
Act. 3.
c 1. Cor. 14.
d 1. Cor. 11.
e 1. Tim. 2.
1. Cor. 14.
f 1. Cor. 16.
g Eſai. 66.

Gott wil erſtlich / daß das Predigampt vnd ſchulen erhalten werden *a*/ vn̄ ich / ſonderlich am feiertag zu d' gemeine Gottes vleiſſig kom̄e *b* / das wort Gottes zulernen *c* / die heilige Sacrament zugebrauchen *d* / den Herren offentlich anzuruffen *e* / vn̄ das Chriſtlich almoß zugeben *f*. Zum andern / daß ich alle tage meines lebens von meinen böſen wercken feyere / den Herren durch ſeinē Geiſt in mir wircken laſſe / vnd alſo den ewigen Sabbath in dieſem leben anfang. *g*

Frag.

Waß wil Gott im fünfften Gebot?

Antwort.

h Epheſ. 6.
Coloſſ. 3.
Epheſ. 5.
Prou. 1.
Exo. 21.

Daß ich meinem Vater vnd Mutter / vnd allen die mir fürgeſetzet ſein / alle ehre / liebe vnd trewe beweiſen / vnd mich aller guten lehre vnd ſtraff / mit gebürlichem gehorſam vnderwerffen *h* / vnd auch mit jren gebrechen gedult

dult haben sol a/ dieweil vns Gott durch jre hand regieren wil. b

Frag.
Was wil Gott in dem sechsten gebot?

Antwort.
Daß ich meinen nechsten weder mit gedancken/ noch mit worten oder geberden/ viel weniger mit der that/ durch mich selbst oder andere schmehen/ hassen/ beleidigen/ oder tödten c: sonder alle rachgirigkeit ablegen d/ auch mich selbst nit beschedigen/ oder mutwillig in gefahr begeben sol e. Darumb auch die Oberkeit/ dem todschlag zuweren/ das Schwert tregt.

Frag.
Redet doch diß gebot allein von tödtē?

Antwort.
Es wil vns aber Gott durch verbietung des Todtschlags lehren/ daß er die wurtzel des todtschlags/ als neid f/ haß g/ zorn h/ Rachgirigkeit/ hasset/ vn̄ das solches alles für jm ein heimlicher todtschlag seye. i

a *Prou 23.*
 Gen.9.
b *Ephes.6.*
 Coloss.3.
 Rom.13.

c *Matt.5.*
 & 26.
 Gen.9.
d *Ephes.4.*
 Rom.12.
 Matt. 5.
e *Rom.13.*
 Coloss.2.
 Syr.3.
 Matt. 4.

f *Rom.1.*
g *1.Ioan 2.*
h *Iac.2.*
 Gal.5.
i *1.Ioh.3.*

e iiij   Ists

Frag.

Ists aber damit gnug / daß wir vnsern nechsten / wie gemelt / nit tödten?

Antwort.

Nein. Denn indem Gott neid / haß vnd zorn verdampt: wil er von vns haben / daß wir vnsern nechsten lieben als vns selbst *a* / gegen jm gedult / friede *b* / sanfftmuth *c* / barmhertzigkeit *d* vnd freundligkeit *e* erzeigen / seinen schaden / souiel vns möglich / abwenden *f* / vnd auch vnsern feinden guts thun. *g*

a Matt. 22. & 7.
b Ephes. 4.
c Matt. 5. Rom.12.
d Matt. 5.
e Rom.12.
f Exo. 23.
g Matt.5. Rom.12.

Frag.

Waß wil das siebende Gebot?

Antwort.

Daß alle vnkeuscheit von Gott vermaledeiet sey *h* / vnd daß wir darumb jr von hertzen feind sein *i* / vnd keusch vnd züchtig leben sollen *k* / es sey im heiligen ehestandt oder ausserhalb desselben. *l*

h Deut.18.
i Iudae 1.
k 1.Thess.4.
l Heb.13. 1.Cor.7.

Frag.

Verbeut Gott in diesem gebot nichts mehr

mehr denn ehebruch vnd dergleichen schanden?

Antwort.

Dieweil beyde vnser leib vnd seel tempel des heiligen Geists sein / so wil er / daß wir sie beyde sauber vnd heilig bewaren. Verbeut derhalbē alle vnkeusche thaten / geberden / wort a / gedancken / lust b / vnd was den menschen darzu reitzen mag. c

a Ephes.5.
1.Cor.6.
b Matt.5.
c Ephes.5.
1.Cor.15.

Frag.

Was verbeut Gott im achten Gebot?

Antwort.

Er verbeut nicht allein den diebstal d vnd rauberey e / welche die Oberkeit strafft: sondern Gott nennet auch diebstal alle böse stück vnd anschlege / damit wir vnsers nechsten gut gedencken an vns zubringen / es sey mit gewalt oder schein des rechtens f: als vnrechtem gewicht g / Elln / maß h / wahre / müntz / wucher / oder durch einiges mittel / das von Gott verbotten ist: darzu auch allen

d 1.Cor.6.
e 1.Cor.5.
f Luc.3.
1.Thess.4.
g Prou.11.
h Eze.45.
Deut.25.

len geitz *a* / vnd vnnütze verschwendung seiner gaben. *b*

a 1.Cor. 6.
b Prou.5.

Frag.
Was gebeut dir aber Gott in diesem Gebot?

Antwort.
Daß ich meines nechsten nutz / wo ich kan vnd mag / fürdere / gegen jm also handle / wie ich wolte / daß man mit mir handlete *c* / vñ trewlich arbeite / auff daß ich dem dürfftigē in seiner noth helffen mög. *d*

c Matt.7.
d Ephes. 4.

Frag.
Was wil das neund Gebot?

Antwort.
Daß ich wider niemand falsche zeugnuß gebe *e* / niemand seine wort verkere *f* / kein affterreder vnd lesterer seie *g* / Niemand vnuerhört / vñ leichtlich verdammen helffe *h* : sonder allerley liegen vnd triege / als eigene werck des Teufels *i* / bey schwerem Gotteszorn vermeide *s* / in gerichts vnd allen andern handlungen die warheit liebe / auffrichtig sage vnd bekenne *l* /

e Prou.19.
f Psal.15.
g Rom.1.
h Matt.7.
Luc. 6.
i Joan. 8.
s Prou.12.

ne / / auch meines nechsten ehre vnd
glimpff nach meinem vermögen rette
vnd fürdere. a

l 1.Cor.13.
Ephes.4.
a 1.Pet.4.

Frag.
Was wil das zehend Gebot?

Antwort.
Daß auch die geringste lust od' gedancken wider jrgend ein gebot Gottes / in vnser hertz nimmermehr komen / sonder wir für vnd für von gantzem hertzen aller sünde feind sein / vnd lust zu aller gerechtigkeit haben sollen. b

b *Rom.7.*

Frag.
Können aber die zu Gott bekeret sind / solche gebot volkömlich halten?

Antwort.
Nein: sondern es haben auch die allerheiligsten / so lang sie in diesem leben sind / nur einen geringen anfang dieses gehorsams c : doch also / daß sie mit ernstlichem fürsatz nicht allein nach etlichen / sonder nach allen gebotten Gottes anfangen zuleben. d

c 1. *Ioan.*1.
*Rom.*7.
*Eccl.*7.
d *Rom.*7.
*Iac.*2.

War-

Frag.

Warumb lest vns denn Gott also scharff die zehen Gebot predigen / weil sie in diesem leben niemand halten kan?

Antwort.

Erstlich auff dz wir vnser gantzes lebē lang vnser sündliche art je lenger je mehr erkennen *a* / vnd souiel desto begiriger vergebung der sünden vnd gerechtigkeit in Christo suchē *b*. Darnach das wir one vnterlaß vns befleissen / vnd Gott bitten vmb die gnade des heiligen Geists / daß wir je lenger je mehr zu dem ebenbild Gottes ernewert werden / biß wir das ziel der volkommenheit nach diesem leben erreichen. *c*

a 1.Ioh.1.
Psal.32.
b Rom.7.
c 1.Cor.9.
Phil.3.

Vom Gebet.

Frag.

Warumb ist den Christen das gebet nötig?

Antwort.

Darumb das es das fürnembste stück
der

der danckbarkeit ist / welche Gott von vns erfordert a / Vnd das Gott seine gnade vnd heiligen Geist allein denen wil geben / die jn mit hertzlichem seufftzen ohne vnderlaß darumb bitten / vnd jm dafür dancken. b

a Psal.50.
b Matt.2.
Luc.11.
Matt.13.

Frag.

Was gehöret zu einem solchen gebet das Gott gefalle / vnd von jm erhöret werde?

Antwort.

Erstlich daß wir allein den einigen waren Gott/ der sich vns in seinem wort hat offenbaret c / vmb alles daß er vns befohlen hat / von hertzen anruffen d. Zum andern daß wir vnsere noth e vnd elend recht gründlich erkennen / vns für dem angesicht seiner Maiestet f zu demütigen. Zum dritten/ daß wir diesen festen grund haben g/ daß er vnser gebed/ vnangesehen daß wirs vnwirdig seind / doch vmb des Herrn Christi willen gewißlich wölle erhören h / wie er vns in seinem wort verheissen hat. i

c Ioan.4.
d Rom.8.
1.Ioan.5.
e 2.Pa.20.
f Psal.2.
Esai.66.
Psa.34.
g Rom.10.
Iac.1.
h Ioan.14.
Dan.9.
i Matt.7.
Psal.143.

Was

77.

Frag.
Was hat vns Gott befohlen von jm zu bitten?

Antwort.
Alle geistliche vnd leibliche noturfft a / welche der HERR Christus begriffen hat in dem Gebet/ welches er vns selbst gelehret.

a Iacob.1.
Matt.6.

Frag.
Wie lautet dasselbe?

Antwort.
Vnser b Vater der du bist in himeln. Geheiliget werde dein Name. Dein Reich kome. Dein wil geschehe / auff erden wie im himmel. Vnser teglich brod gib vns heut. Vnd vergib vns vnser schult / als wir vergeben vnsern schuldigern. Nit einfüre vns in versuchung / sonder erlöse vns vom bösen. Denn dein ist das

b Matt.6.
Luc.11.

das reich/ vnd die krafft/ vn̄ die herzligkeit in ewigkeit/ Amen.

Frag.

Warumb hat vns Christus befohlen Gott also anzureden/ Vnser Vater?

Antwort.

Daß er gleich im anfang vnsers gebets in vns erwecke die kindliche furcht vnd zuuersicht gegen Gott/ welche der grund vnsers gebets sol sein: nemlich/ daß Gott vnser Vater durch Christum worden sey/ vnd wolle vns viel weniger versagen/ warumb wir jn im glauben bitten/ denn vnsere Väter vns jrdische ding abschlagen. a

a Matt.7.
Luc.11.

Frag.

Warumb wird hinzugethan/ Der du bist in himmeln?

Antwort.

Auff daß wir von der himlischen Maiestet

Maiestet Gottes nichts jrdisch gedencken *a* / vnd von seiner almechtigkeit
alle notturfft leibs vnd der seelen gewar
ten. *b*

a Iere.23.
Act.17.
b Rom.10.

Frag.
Waß ist die erste Bitt?

Antwort.
Geheiliget werde dein name /
daß ist / gib vns erstlich daß wir dich
recht erkennen *c* / vnd dich in allen dei=
nen wercken / in welchen leuchtet deine
allmechtigkeit / weißheit / güte / gerech=
tigkeit / barmhertzigkeit vnd warheit /
heiligen / rhümen vnd preisen *d*. Dar=
nach auch daß wir vnser gantzes leben /
gedancken / wort vnd werck dahin richten / daß dein Name umb vnsert willen
nit gelestert / sonder geehret vnd geprie=
sen werde. *e*

c Ioan.17.
Matt.16.
Iac.1.
Psal.119.
d Psal.119.
Rom.11.

e Psal.115.
& 71.

Frag.
Was ist die ander Bitt?

Antwort.
Zukom dein Reich / daß ist /
Regiere

Regiere vns also durch dein wort vnd
geist / daß wir vns dir je lenger je mehr *a Matt.6.*
vnderwerffen a / erhalt vnd mehre dei- *Pfal.119.*
ne kirchen b / vnd zerstöre die werck des *& 143.*
Teuffels / vnd allen gewalt/ der sich wi- *b Pfal.51.*
der dich erhebt/ vnd alle böse rhatschle- *& 122.*
ge/ die wider dein heiliges wort erdacht *c 1.Ioan.3.*
werden c / biß die volkommenheit dei- *Rom.16.*
nes Reichs herzu kome d/ darin du wirst *d Apoc.22.*
alles in allen sein. *e* *Rom.8.*
e 1.Cor.15.

Frag.
Was ist die dritte Bitt?

Antwort.
Dein Will geschehe auff erden wie im himmel / das ist / ver-
leihe daß wir vnd alle menschen vnserm
eigenen willen absagen f/ vnd deinem
allein guten willen one alles widerspre- *f Matt.16.*
chen gehorchen g / daß also jederman *Tit. 2.*
sein ampt vnd beruff so willig vnd *g Luc.22.*
trewlich außrichte h/ wie die Engel im *h 1.Cor.7.*
himmel. *i* *i Pfal.103.*

f   Was

Frag.
Was ist die vierde Bitt?

Antwort.

Gib vns heut vnser teglich brod / das ist / wollest vns mit aller leiblichen noturfft versorgen *a* / auff daß wir dardurch erkennen / daß du der einig vrsprung alles guten bist *b* / vnd daß one deinen segen / weder vnsere sorgen vnd arbeit / noch deine gaben vns gedeien *c* / vnd wir derhalbē vnser vertrawen von allen Creaturen abziehen / vn̄ allein auff dich setzen *d*

a Psa. 104.
 & 145.
 Matt. 6.
b Act. 14.
 & 17.
c 1. Cor. 15.
 Deut. 8.
 Psal. 37.
d Psal. 55.
 & 62.

Frag.
Was ist die fünffte Bitt?

Antwort.

Vergib vns vnsere schuld / als auch wir vergeben vnsern schuldigern / das ist / wollest vns armen sündern alle vnsere missethat / auch das böse / so vns noch jmerdar anhenget umb des bluts Christi willen nit zurechnen *e* /

nen e/ wie auch wir diß zeugnuß deiner e Psal.51.
gnad in vns befinden/ daß vnser gantzer & 143.
fürsatz ist/ vnserm nechsten von hertzen 1.Ioan.2.
zuuerzeihen. a   a Matt.6.

Frag.
Was ist die sechste Bitt?

Antwort.
Vnd für vns nit in versuchūg/
sondern erlöse vns vom bösen/
das ist/ dieweil wir auß vns selbst so
schwach seind/ daß wir nit einen augen   b Ioan.15.
blick bestehen können b/ vnd darzu vnse Psal.103.
re abgesagte feind/ d'Teufel c/ die welt d/ c 1.Pet.5.
vnd vnser eigen fleisch e/ nit auffhören Ephes.6.
vns anzufechten/ so wollest vns erhal=   d Ioan.15.
ten vnd stercken durch die krafft deines e. Rom.7.
heiligen Geistes/ auff dz wir inen mögē Galat.5.
festē widerstant thun/ vn̄ in diesem geist f Matt.26.
lichē streit nit vnden ligen f/ biß das wir Mar.13.
entlich den sieg volkomlich behalten g   g 1.Thess.3.

Frag.
Wie beschleust du diß Gebet?

f ij   Denn

Antwort.

Denn dein ist das Reich / die krafft / vnd die herzligkeit in ewigkeit/ das ist/ Solchs alles bitten wir darumb von dir / daß du als vnser König/ vnd aller ding mechtig/ vns alles guts geben wilst/ vnd kanst *a* / vnd daß also nicht wir / sonder dein heiliger name ewig sol gepriesen werden. *b*

a Rom.10.
2.Pet.2.
b Ioan.14.

Frag.

Was bedeut das wörtlein/ Amen?

Antwort.

Amen heist /das sol war vnd gewiß sein: denn mein gebet viel gewisser von Gott erhöret ist / denn ich in meinem hertzen füle / daß ich solches von jhm begere. *c*

c 2.Cor.1.
2.Tim.2.

Verzeichnis der fürnem=
sten Text/ wie die ordent=
lich im vorgehenden Ca=
techismo erkleret
sein.

I.

Summa des Göttli=
chen Gesetzes/

Darauß wir vnser sünd vnd elendt er=
kennen.

Du solt lieben Gott deinen Herzen von gantzem hertzen/ von gantzer seelen / von gantzem gemüth vñ allen krefften/ diß ist das fürnembste vnd das gröste gebot. Das ander aber ist dem gleich: Du solt deinen nechsten liebē als dich selbst. In diesen zweyen Geboten hanget das Matt. 22.

f iij

das gantze Gesetz vnd die Pro=
pheten.

Deu. 27.
Verflucht sey jederman / der
nicht bleibt in allem dem / das
geschrieben stehet / in dem buch
des Gesetzes / das ers thue.

II.
Die Artickel vnsers
Christlichen glaubens/
Oder summa des Euangelions
Auß dem wir lernen vnser erlösung.

Ich glaub in Gott Vater/
den Almechtigen / Schöpffer
himmels vnd der erden.

Vnd in Jesum Christum / sei=
nen eingebornen Son / vnsern
Herren / der empfangen ist von
dem

dem heiligen Geiſt / geborē auß Maria der Jungfrawen / gelittē vnder Pontio Pilato / gecreutziget / geſtorben vnd begraben / abgeſtiegen zu der Hellen / am dritten tag wider aufferſtanden von den tobten / auffgefaren gen hiṁel / ſitzet zu der rechten Gottes / des allmechtigen Vaters / von dannen er komen wird / zu richten die lebendigen vnd die tobten.

Ich glaub in den heiligen Geiſt / eine heilige allgemeine Chriſtliche Kirch / die gemeinſchafft der Heiligen / vergebung der Sünden / aufferſtehung des fleiſches / vnd ein ewiges leben.

f iiij   Ein=

Einſatzung der heiligen Sacrament/

Durch welche der heilige Geiſt vns dieſe erlöſung verſiegelt vnd verſichert.

Einſatzung des heiligen Tauffs.

Gehet hin / vnd lehret alle Völcker / vnd tauffet ſie im namen des Vaters / vñ des Sons/ vnd des heiligen Geiſts. Wer da glaubt vnd getaufft wirdt/ der wirdt ſelig werden : wer aber nicht glaubt/ der wird verdampt werden.

Einſatznng des heiligen Abendmals Chriſti.

Vnſer HERR Jeſus in der nacht

nacht da er verrhaten ward/
nam er das brod/ dancket vnd
brachs vñ sprach/ Nemet/ esset/
das ist mein leib/ der für euch ge
brochen wird / Solchs thut/ zu
meiner gedechtnuß. Desselben
gleichen auch den Kelch / nach
dem Abendtmal / vnd sprach:
Dieser Kelch ist das newe Te=
stament in meinem blut/ solchs
thut/ so offt jrs trinckt/ zu mei=
ner gedechtnuß : Denn so offt jr
von diesem brod esset/ vnd von
diesem Kelch trinckt/ solt jr des
Herrn todt verkündigen/ biß dz
er kompt. Vnd der heilige Paulus in
der ersten an die Corinther im 10. cap.
spricht also : **Der kelch der danck=
sagung / damit wir dancksagē/**
f v ist

ist er nit die gemeinschafft des bluts Christi? Das brodt das wir brechen / ist das nit die gemeinschafft des leibs Christi? denn ein brod ists / so seind wir viel ein leib / dieweil wir alle eines brods theilhafftig seind.

III.
Das Gesetz oder die zehen Gebot Gottes.

Auß welchen wir lernē / wie wir Gott für solche wolthat sollen in vnserm gantzen leben danckbar sein.

Gott redet alle dise wort.

Das erst Gebot.

Ich bin der HERR dein Gott / der ich dich auß Egyptenland / auß dem Diensthauß geführet habe.

Du

Du solt kein ander Götter für mir haben.

Das ander Gebot.

Du solt dir kein Bildnuß noch jrgendt ein gleichnuß machen/ weder deß/ das oben im Himel/ noch deß/ das vnden auff Erden/ oder deß/ das im wasser vnder der erden ist/ Du solt sie nicht anbeten/ noch jnen dienen/ denn ich der Herr dein Gott/ bin ein starcker eyueriger Gott/ der die missethat der Väter heimsucht an den Kindern biß ins dritt vnd vierd glied/ deren die mich hassen/ vnd thue barmhertzigkeit an viel tausenden die mich lieben/ vnd meine Gebot halten.

Du

Das dritte Gebot.

Du ſolt den Namen des Herren deines Gottes nicht miß=brauchen / Denn der Herr wird den nicht vngeſtrafft laſſen / der ſeinen namen mißbraucht.

Das vierde Gebot.

Gedenck des Sabbathtags/ das du jhn heiligeſt. Sechs tag ſoltu arbeiten / vnd alle deine werck thun / aber am ſieben=den tage iſt der Sabbath des Herren deines Gottes / da ſolt du keine arbeit thun / noch dein Son / noch deine Tochter / noch dein Knecht / noch deine magt/ noch dein Vieh / noch d fremb=ling der in deinē thoren iſt. Den̄ in ſechs tagē hat der Herr himel vnd vn̄ erden gemacht / vn̄ dz Meer/ vnd alles was drinnen ist / vnd rhuete am sibendē tage / darum̄ segnete der Herr den Sabbath tag / vnd heiligte jn.

Das fünfft Gebot.

Du solt dein Vater vnd deine Mutter ehren / auff daß du lang lebest im Land / das dir der Herr dein Gott gibt.

Das sechst Gebot.

Du solt nit töbten.

Das siebend Gebot.

Du solt nit Ehebrechen.

Das acht Gebot.

Du solt nit stelen.

Das neunde Gebot.

Du solt kein falsch zeugnuß reden wider deinen nechsten.

Laß

Das zehende Gebot.

Laß dich nit gelüsten deines nechsten Hauß / Laß dich nit gelüsten deines nechsten weibs/ noch seines Knechts / noch seiner Magd / noch seines Ochsen / noch seines Esels / noch alles das dein nechster hat.

Das Christliche Gebet/

Welchs vns Christus selbst gelehret / vnser danckbarkeit fürnemlich damit gegen Gott zuerzeigen/ vñ alle noturfft Leibs vnd der Seelen von jhm zuerlangen.

Vnser Vater der du bist in hīmeln.

Geheiliget werde dein Name.

Dein Reich kome.

Dein

Dein will geschehe / auff erden wie im himmel.

Unser teglich brod gieb vns heut.

Vnd vergieb vns vnser schult/ als wir vergeben vnsern schuldigern.

Vnd füre vns nicht in versuchung : sonder erlöse vns vom bösen.

Denn dein ist das reich/ vnd die krafft / vnd die herzligkeit in ewigkeit / Amen.

ERRATA.

Fol. 16. in margine für Habac. ließ Esaie.
Fol. 28. lin. volkomlich / ließ e . Vnd
Fol. 31. lin. wiges / ließ erwürbe.
Fol. 32. lin. Jst es / ließ mehr
       lin. teglich / ließ Gottes /
Fol. 41. lin. einiget / ließ hertzlichen
Fol. 56. lin. jr / ließ zubesseren:
       lin. solche / ließ lebens /
       lin. welche / ließ stück /
Fol. 61. Die zal 1. setz ober diese wort / Jch bin
       der Herr dein Gott / etc.
Fol. 63. lin. vñ / ließ das Meer
Fol. 77. lin. vnsern / ließ . Mit

1 5 6 3.

II. Der recipirte Text des Katechismus.

Friedrich III. von der Pfalz hat das evangelische Kirchenwesen seines Landes durch seine Eheordnung (12. Juli 1563), Kirchenordnung (15. November 1563), Kirchenrathsordnung (1564) und das Edict über Kirchendisciplin (1570), welches die neuen Kirchencollegien der einzelnen Gemeinden einführte, in eigenthümlicher Weise gestaltet. Bei der Kirchenverfassung wurden durch den Kirchenrath consistoriale, durch die Collegien presbyteriale Anschauungen zur Geltung gebracht. Der ehrhafte Unterbau aller dieser Gesetze und der durch sie geschaffenen Zustände ist der Heidelberger Katechismus, welcher deshalb auch mit gutem Grund als Norm für den Jugendunterricht in Kirche und Schule, für Lehre Cultus Predigt und Sacramentsverwaltung der Kirchenordnung*) einverleibt wurde.

---

*) Sie macht ihn nicht nur zur kirchlichen Lection, zum Predigttext, und nicht im Allgemeinen nur ist die Kanzel auf ihn verwiesen: es heißt auch u. A. bei Gelegenheit des Weihnachtsfestes noch: die Pfarrer sollen „in der historien von der Geburt Christi das fundament vnser seligkeit, nemlich die zwo naturen in Christo samt dem nutz den wir drauß bekommen" so erklären „wie daß im end des ersten theils vnnd anfang des andern theils des Catechismi begriffen ist."

So wie er in ihr abgedruckt ist hat er sich allmälig verbreitet, der von ihr dargebotene Text ist der allgemein recipirte geworden. Diejenigen Autoritäten der evangelischen Kirche außerhalb der Pfalz, welche zuerst sich zu ihm bekannten, — der Convent reformirter Flüchtlinge in Wesel (1568) welcher „für gut hielt" daß er in den deutschen Gemeinden gebraucht würde, während die französischen dem Genfer folgten; die Synode zu Emden (1571) welche ihn in die deutschen Gemeinden Ostfrieslands einführte, jedoch den friesischen den Lasky'schen, den französischen den Genfer beließ, noch dazu ohne andere sonst etwa eingeführte zu verbieten, — hatten bei der Dehnbarkeit ihrer Beschlüsse und in der Noth der Zeit kein Interesse eine besondere Aufmerksamkeit auf den Wortlaut seines Textes zu wenden; und selbst wenn die Dortrechter Synode, die ihn feierlich als Inbegriff rechtgläubiger Lehre anerkannte (1619, 1. Mai, sess. 148) die schwache Stelle dieses Textes gekannt und von der willkürlichen Einschiebung einer ganzen Frage etwas gewußt hätte, würde sie dieselbe kaum noch zu tadeln gewagt haben, da sie durch das Alter bereits ehrwürdig geworden war.

Dieser gewöhnliche Text weicht von dem ursprünglichen in innerlichen und äußerlichen, wesentlichen und unwesentlichen Punkten ab*).

---

*) Schon Augusti (Versuch einer historisch-kritischen Einleitung in die beyden Haupt-Katechismen der ev. Kirche. Elberfeld 1824) hat darüber gewitzelt, daß es eigentlich noch nicht einmal einen textus receptus des doch in Millionen

Die wesentlichste Verschiedenheit beider besteht darin, daß der erste Druck des Katechismus die achtzigste Frage (deren Geschichte später zu erörtern sein wird) **nicht enthält**. Außerdem sind die Beweisstellen aus der heiligen Schrift, mit welchen die Antworten auf die einzelnen Fragen gestützt werden, in den späteren Ausgaben theils vermehrt theils als unpassend aufgegeben: ein Umstand der, so geringfügig er vielleicht uns erscheinen könnte, so wichtig in den Augen der Zeitgenossen des Churfürsten Friedrich gewesen ist. Hatten doch die Verfasser des Katechismus gerade wegen dieser Bibelcitate gleich zu Anfang den härtesten Streit auszufechten*). Aber auch davon abge-

von Exemplaren gedruckten Buches gebe; und was an dieser Behauptung damals wahr gewesen, ist es noch heute, nachdem so manche kritische Hand wieder darüber her gegangen ist. Nur Ein Beispiel. Die 116te Frage beweist daß den Christen das Gebet **nöthig** sei auch daraus, daß Gott nur denjenigen ("**allein denen**") geben wolle, welche bitten. Dies alterthümliche unverständliche **allein** ist in den meisten neueren Drucken in das unsinnige "**allen**" verwandelt. Das rheinische "**Evangelische Gesangbuch, herausgegeben nach den Beschlüssen der Synoden von Jülich, Cleve, Berg 2c.**" hat in seinem Anhang selbstredend auch diesen Fehler sich nicht entwischen lassen. — Die Ausgabe der reformirten Gemeinde Elberfeld hat allen Neuerungen gründlich entgegen wieder "ich glaube in Gott .. in Jesum"; aber warum dann nicht auch: "vom heiligen Tauff?" "ich niesse das brod" u. s. w.?

*) Antwortt auff etlicher Theologen Censur vber die am rand des Heydelbergischen Catechismi auß heiliger Schrifft angezogene Zeugnuß. Gestelt durch D. Zachariam Ursinum. Anno 1564. Mense Aprili.

sehen fordert die Benutzung der h. Schrift im Katechismus unsre Aufmerksamkeit wenn wir uns ein richtiges Urtheil über ihn bilden wollen. Denn die Art und Weise wie er den Beweis der Schriftmäßigkeit seiner Lehre führt dient uns wesentlich dazu seinen theologischen Charakter zu erkennen, zu präcisiren. Die engen Grenzen, welche dieser Schrift gesteckt sind, erlauben es nicht weiter auf diesen Punkt einzugehn.

Unwesentlich ist es daß in den späteren Ausgaben die Fragen mit fortlaufenden Zahlen (1 bis 129) bezeichnet, die citirten Belegstellen der h. Schrift auch nach Versen angegeben werden während die ersten Ausgaben nur die betreffenden Kapitel benennen, daß die ganzen Stellen wörtlich mit abgedruckt sind *). Auch die zuerst durch die Kirchenordnung aufgekommene Eintheilung des Katechismus in „52 Sonntage" (nach Vorgang des in 55 ge-

---

*) Die Bezeichnung der Stellen nach den Zahlen der Verse und der Abdruck dieser Verse selbst ist von Vielen, welche über den Katechismus geschrieben haben, verwechselt worden. — Die lateinische Ausgabe „Catechesis religionis Christianae quae traditur in ecclesiis et scholis palatinatus. Heydelbergae. Excusum anno post C. n. 1566" hat die am Rand citirten Stellen nach ihrem Wortlaut unter den Antworten mitgetheilt. Ebenso die deutsche „Catechismus oder Christlicher vnterricht, wie der in Kirchen vnnd Schulen der Churfürstlichen Pfaltz getrieben wirdt. Sampt den Kirchen Ceremonien vnd Gebeten. Jetzt auffs new getruckt, mit Zuthuung der Versickel. Heydelberg. Joh. Mayer. 1575." Die erste Auflage dieser Ausgabe soll nach Einigen 1573 erschienen sein (?).

theilten Genfer) danach „der Kirchendiener denselben zum wenigsten Einmal alle Jahr ausprebige" gehört hierhin.

Die Kirchenordnung macht den Pfarrern außer dieser sonntäglichen (Nachmittags-)Predigt über den Katechismus auch eine jährliche mindestens fünfmalige liturgische Vorlesung desselben in der Weise zur Pflicht, daß sie ihn in je neun Sonntagen vor der (Morgen-)Predigt zu Ende bringen und an jedem zehnten Sonntag mit der Haustafel, den „Sprüchen darin ein jeglicher seines Berufes erinnert wird wie die zu Ende des Katechismus gesetzt sind" schließen sollen. Dieser „Anhang" fehlt aber noch seinen drei ersten Ausgaben, ist außerhalb der Pfalz nirgends als ein Stück desselben betrachtet worden und kann deshalb hier, wo es sich lediglich um seinen Text handelt, nicht weiter berücksichtigt werden *).

---

*) Die zehn Lesestücke sind in derselben Weise wie die Sonntage am Rand („Lectio") bezeichnet. (Lectio I, Frage 1 bis 12 excl.; II bis 29; III bis 46; IV bis 59; V bis 75; VI bis 86; VII bis 104; VIII bis 116; IX bis zu Ende; X die Haustafel.) Gewöhnlich findet sich die Haustafel nur in den älteren pfälzischen Ausgaben des Katechismus. (S. auch Telemann: Der H. Kat. mit einem Anhang: Haustafel u. s. w. Erlangen 1863.) Ihr eigentlicher Titel ist: „Folgen die Sprüche der h. Schrifft, darauß ein jeglicher in seinem Stand erlernen mag, was ihm in seinem Beruff zuthun gebüret."

Die ref. Kirche von Cleve und Mark, eben so wie die von Jülich und Berg hat diese Katechismuslectionen nie gebilligt noch geübt. Ihre Kirchenordnung sagt vielmehr „der Gottes-Dienst soll mit Lesung eines, zweyer oder mehr Capituln, nach Gelegenheit der Zeit, neben den fünf Haupt-Stücken

Dasselbe gilt von dem „Verzeichniß der vornehmsten Texte wie dieselben im Catechismus erklärt sind" („Summa des göttlichen Gesetzes" „die Artikel vnsers glaubens" „Einsetzung der heiligen Sacrament" „das Gesetz" „das Christliche Gebet"), welches, seinen drei Theilen genau und schön angepaßt, den ersten Ausgaben beigedruckt, aber nie allgemein angenommen ist.

Die sprachlichen Verschiedenheiten des ersten, und des durch die Kirchenordnung zur Geltung gekommenen Textes, welcher nur orthographisch erneuert der jetzt noch gewöhnliche ist, lassen sich allein aus Zufälligkeiten und typographischer Willkür erklären; unter ein erkennbar durchgeführtes Prinzip sind sie nicht zu bringen.

Christlicher Religion ... angefangen werden." — Auch in Betreff des symbolischen Werthes des Buches hat die rheinische reformirte Kirche sich gehütet mit der Pfälzer Kirchenordnung seine Theologie und Gottes Wort zu identifiziren. Die clev.-märkische K.-Ordnung sagt: „Dieweil das beschriebene Wort Gottes die einige vollkommene Richtschnur der Lehre, Glaubens und Lebens ist; und dann der Heidelbergische Catechismus aus demselben gezogen und wohl verfasset ist; So soll von den Predigern anders nichts dann dasselbe Wort Gottes, und wie dasselbe in dem H. Catechismo wiederholet und ausgelegt, gelehret werden"; die jülich-bergische wörtlich dasselbe. Beide aber haben vorausgesehn und vorgesehn, daß ein Prediger „an einem oder andern Punct des Catechismi Zweifel tragen und dasselbige (al: die Lehre) in Gottes Wort klärer und deutlicher ausgedrücket zu seyn erachten" könnte, und fordern für diesen Fall er solle sich an seine Collegen, an die Classe und endlich an die Synode wenden.

III. Erste Ausgabe des Katechismus.

Der Katechismus ist im Jahre 1563 viermal, und immer in derselben Offizin (bei Johann Mayer in Heidelberg) gedruckt; zuerst dreimal in besonderer Ausgabe (8°), dann noch einmal (4°) als integrirendes Stück der churfürstlichen „Kirchenordnung", welche von Friedrich zu Moßbach am 15. November 1563 vollzogen und noch vor Schluß des Jahres ausgegeben wurde *).

Mit den drei ersten Ausgaben, welche dieser vierten, die Textrecension abschließenden, weil den Text der dritten nur wiederholenden und somit fixirenden Publication vorhergehn, haben wir es hier zu thun.

Die Hoffnung durch ein allgemein gültiges Lehrbuch allen Gemeinden der Churpfalz zur rechten Lehre und zur Einigkeit im Glauben zu verhelfen, hat das Entstehen des Katechismus veranlaßt; den Churfürsten bestimmte frommer Eifer und Kirchenpolitik.

---

*) Kirchenordnung, Wie es mit der Christlichen Lehre, heilgen Sacramenten, vnd Ceremonien, in des Durchleuchtigsten.. Herrn Friederichs Pfaltzgrauen bey Rhein .. gehalten wird. Gedruckt zu Heidelberg durch Joh. Mayer, im Jahr 1563. 4°. (Wiederholt: 1567. 1569. 1576. u. ö.). — Richter hat sie (Die evang. Kirchenordnungen des 16. Jahrhunderts. Weimar 1846. II, 257) nach ihrer zweiten Ausgabe (mit Hinweglassung des Katechismus) abdrucken lassen. — Einen alten Katechismustext hat Niemeyer in seine Collectio confessionum in ecclesiis reformatis publicatarum. Lipsiae 1840. p. 390—427. aufgenommen.

Zwei jungen Theologen war die Abfassung anvertraut, einem Rheinländer und einem Schlesier; dem Pfarrer Caspar Olevianus und dem Professor Zacharias Ursinus *). Durch diesen war die melanchthonische, durch jenen die in der reformirten Schweiz damals herrschende Richtung vertreten. Der Erfolg hat des Fürsten Scharfblick bei dieser Auswahl glänzend dargethan.

Die Neigung zur Theologie unter den Gebildeten jener Zeit ist allgemein bekannt; kein denkender Kopf konnte sich ihren Fragen damals entziehn und einem Staatsmann war die Beschäftigung mit den kirchlichen Interessen gradezu noth-

---

*) Die früheren Arbeiten über sie sind durch Sudhoff (C. Olevianus und Z. Ursinus, Leben und ausgew. Schriften. Elberfeld 1857.) antiquirt. Derselbe Verfasser hat die Stellung Beider zum Katechismus auch in anderen Werken (Fester Grund christlicher Lehre. Ein Hülfsbuch zum H. K., zusammengestellt aus deutschen Schriften C. Olevians und eignen Abhandlungen. Frankfurt 1854. — und: Theologisches Handbuch zur Auslegung des H. K. Frankfurt 1862 [in seinem geschichtlichen Theil Abdruck der Stücke aus der genannten Monographie], und in der Abhandlung über den H. K. in der Realencyklopädie von Herzog. V. 658) ausführlich behandelt und ihr und ihres Buches reformirte Richtung gegen Heppe zu vertheidigen gesucht, der dieselbe als melanchthonisch bezeichnet (Heppe, Geschichte des deutschen Protestantismus in d. Jahren 1555—1581. Marburg 1853. I. S. 443. Vgl. auch Desselben: Bedeutung des H. K. in der Gesch. des Reiches Gottes auf Erden. Cassel 1863). — Ueber den dogmatischen Charakter des Katechismus hatte vor ihm in neuerer Zeit am eingehendsten Seisen gehandelt (Gesch. d. Reform. zu Heidelberg. Hdbg. 1846).

wendig, wenn er nicht darauf verzichten wollte etwas zu bedeuten oder zu wirken. Zu dieser allgemeinen Neigung kam bei Friedrich ein von Natur religiöses Gemüth, große Befähigung die Schulfragen seiner Zeit zu verstehn, Begeisterung für das Reich Gottes auf Erden. Daß er an den Vorarbeiten der beiden jungen Männer für den Katechismus, an seinem ersten Entwurf, den lebhaftesten Antheil genommen hat ist schon nach seiner ganzen Eigenthümlichkeit sehr wahrscheinlich, und wird außerdem durch ausdrückliche Zeugnisse bestätigt*). Die Grenzen seines Einflusses und seiner Thätigkeit lassen sich freilich nicht bestimmen, und sind wir so lange die Pfälzer Archive das urkundliche Material nicht veröffentlicht haben hier leider auf das weite Feld der Vermuthungen angewiesen; welches wir lieber nicht betreten. Geschichtlichen, sicheren Boden haben wir erst wieder in der Nachricht daß das fertige Manuscript des Volkskatechismus einem, gegen Ende 1562 in Heidelberg versammelten Convent der Inspektoren und vorzüglichsten Lehrer der pfälzischen Kirche zur Prüfung und Begutachtung übergeben worden ist. Ueber diese nackte Notiz aber geht unsre Kenntniß von dieser Versammlung und ihren Leistungen leider nicht weit hinaus. Denn der sonst wohl unterrichtete, den Dingen mehr als anderthalb Jahrhundert näher als wir stehende Heinrich Alting berührt sie nur mit flüchtigen Worten**), welche bei

---

*) s. Rittmeyers Erinnerungen bei Augusti S. 108.
**) Historia ecclesiae palatinae. Francof. 1701.

1*

den folgenden Historikern nun immer aufs neue wiederkehren, und auch die neuesten Bearbeiter der Pfälzer Kirchengeschichte wissen ihnen nichts hinzuzufügen *). Der Churfürst selbst sagt in der Einführungsordre des Katechismus „er habe ihn verfassen und stellen lassen mit Rath und Zuthun der ganzen heidelberger theologischen Fakultät, aller Superintendenten und vornehmsten Pfarrer." Spätere Verehrer des Katechismus haben uns wohl die Arbeit dieses Convents in lebhaften Farben ausgemalt: wir werden von ihnen berichtet „daß derselbe ihn genau nach der Vorschrift des göttlichen Wortes geprüft, über seine Lehrweisheit und den richtigen Ausdruck des reformirten Lehrbegriffs gestaunt, ihn mit Einem Munde gelobt und gebilligt und den Fürsten um seine Veröffentlichung gebeten habe **)." Aber wir werden wohlthun diese Mittheilungen nur mit einigem Vorbehalt anzunehmen, indem die ersten Gegner des Buchs, in ihrem Tadel eben so leidenschaftlich als seine Lobredner nur sein konnten, behaupten, man habe zu jenem Convent absichtlich nur Ge-

---

*) Sudhoff, Olevian 2c. S. 108; Vierordt, Geschichte der evangelischen Kirche in Baden. Carlsruhe 1847. II. S. 466.

**) H. S. v. Alpen, Geschichte und Literatur des H. K. Frankfurt 1800. — Wie unwichtig den Uebersetzern Pithopoeus und Lagus, guten Territorialisten, die Zustimmung der Kirche erschienen ist, ergibt sich aus ihrer Uebertragung des eben citirten Passus: theologis nostris et quibus in nostra ditione praecipua ecclesiarum cura est commendata negotium dedimus ut catechesin conscriberent.

sinnungsgenossen einberufen und Alle die bei den Verhandlungen noch zu widersprechen den Muth gehabt, von der Hofparthei überstimmen und überschreien lassen. Wären die Vertheidiger des Katechismus gleich auf die Widerlegung dieser Anklagen weiter eingegangen als sie es für gut gehalten haben, so würden wir uns eine deutlichere Vorstellung von dieser Conferenz machen können als wir jetzt im Stande sind. Unbillig aber scheint es, anzunehmen sie hätten die gemachten Vorwürfe nicht gründlich widerlegen können, und dürfen wir glauben, daß sie nur deßhalb sich nicht weiter damit beschäftigt haben, weil ihnen das Gewicht derselben nicht so bedeutend erschien als uns. Sie waren eben gewohnt die Meinung ihres Landesherrn in kirchlichen Dingen höher zu halten.

Jedenfalls hatte Friedrich, indem er die Theologen der Kurpfalz in seine Residenz berief um den Katechismus ihrer Prüfung und Genehmigung zu unterwerfen, den einzig richtigen Weg eingeschlagen; und auch hier ist er den meisten Fürsten seiner Zeit voraus, welche ohne Weiteres die Aenderung der Lehre von ihrem Willen allein abhängig machten. Gemeinden mit eigener und wirklicher Vertretung gab es damals in der Pfalz noch nicht: sie wurden erst durch seine späteren Einrichtungen geschaffen. Die allgemeine Glaubensrichtung und Willensmeinung einer Landeskirche zu erfahren war damals in Deutschland eben nur noch durch Convente ihrer Theologen möglich; und je weniger dieser Nothstand als solcher anerkannt wurde desto mehr meinte man sich dabei beruhigen zu können, ja so sehr, daß diese Versammlungen in vielen evangelischen Kirchenordnungen jener Zeit unter dem Namen der Synoden als gesetzliche Mitleiter der Kirchen sich finden. Friedrich war deshalb nach der damaligen Lage der Dinge sowohl wie nach der schon weithin herrschend gewordenen Ansicht, welche die evangelischen Landesfürsten an die Spitze des Kirchenregimentes drängte, so berechtigt als er es überhaupt sein konnte, den von der Heidelberger Conferenz approbirten Katechismus durch landesherrliche Verordnung vom 19. Januar 1563 unter ausdrücklicher Berufung auf „Rath und Zuthun" dieser Conferenz „allen Superintendenten, Pfarrherrn, Predigern, Kirchen- und Schuldienern" als Leitfaden ihrer Lehre in Schulen und Kirchen anzubefehlen.

Diesen Kurfürstlichen Befehl an der Spitze wurde er zu Anfang desselben Jahres gedruckt und ausgegeben. Der Titel dieser — vorstehend abgedruckten — editio princeps: „Catechismus | Oder | Christlicher Vnderricht, | wie der in Kirchen vnd Schu= | len der Churfürstlichen | Pfaltz getrieben | wirdt. | Gedruckt in der Churfürstli= | chen Stad Heydelberg, durch | Johannem Mayer. | 1563. | " zeigt das in Holz geschnittene Churfürstliche Doppelwappen, unter welchem auf drittem Wappenschild die Erdkugel mit dem Kreuz erscheint.

Es ist eigenthümlich, wenn auch in der Zeit des Druckes nicht ohne Beispiel, daß das Titelblatt derselben als SS. 1 und 2 gezählt ist und die erste Textseite des fürstlichen Edicts mit 3 paginirt ist. Auf S. 12 beginnt der eigentliche Katechismus und zwar mit der wiederholten Titelüberschrift „Catechismus, Oder... wirdt." Die noch nicht mit Zahlen bezeichneten 128 Fragen endigen auf S. 83. Als Anhang ist ein „Verzeichniß der fürnemsten Text, wie die ordentlich im vorgehenden Catechismo erkleret sein" S. 84 bis 94 beigegeben, welche den drei Theilen des Katechismus folgend der Menschen Sünde Erlösung und Dankbarkeit behandeln *).

*) Wie der Abdruck zeigt ist es nicht wahr was v. Alpen — der nie ein Exemplar dieser Ausgabe gesehn — behauptet: die Fragen und Antworten seien darin noch ohne alle Unterscheidung nach einander abgedruckt. —

Dem von mir benutzten Exemplar ist aus der damals bei Mayer erschienenen reichen theologischen Literatur ein Büchlein in demselben Format beigebunden „Christliche Gebet, die man daheim in Heusern, vnd in der Kirchen brauchen mag. Gedruckt in der Churfürstlichen Stad Heydelberg, durch Johannem Mayer. 1563" (Morgengebet; Abend Gebet; Gebet vor dem essen; Gebet nach dem essen; Offentliche Bekantnuß der sünden, vnd Gebet vor der predig; Gebet nach der Predig, für alle noth vnd anligen der Christenheit; Kürtzere form des Gebets nach der predig"; — Stücke von welchen nur das fünfte mit dem entsprechenden der K. Ordnung von 1563 stimmt). Mit dem Exemplar welches die schwäbischen Theologen kritisirt haben (vgl. ihr „Verzeichniß" im Anhang dieser Schrift) scheint das in Heidelberg gleichzeitig erschienene „Büchlein von dem brottbrechen" verbunden gewesen zu sein, gegen welches auch Heshus am Schluß seiner Warung vor dem H. K. eifert („Wiederlegung der Swermerei vom Brodtbrechen im Abendmahl".) — Dem von mir benutzten Exemplar der dritten Ausgabe ist die deutsche Uebersetzung des Genfer

IV. Zweite Ausgabe; die achtzigste Frage in ihrer ersten Fassung.

Das so zu Stand gekommene und mit gutem Recht ausgegebne und eingeführte kleine Buch erschien bald darauf, im Jahre 1563, unter demselben Titel, in derselben Druckerei in zweiter Auflage. Eine, auffallend genug an den Schluß, auf die letzte Seite derselben verwiesene Bemerkung lautet „An den Christlichen | Leser. | Was jm ersten truck vbersehen, als | fürnemlich folio 55. Ist jetzun= | der auß befelch Churfürstli= | cher Gnaden. abbiert | worden. | 1563. | "

Nehmen wir diese Worte wie sie sich geben. Was konnte im ersten Druck „übersehen" sein? Der Verfertiger des Manuscriptes, welches in der Gestalt wie es aus dem Theologenconvent hervorgegangen dem Drucker einzuliefern war, konnte, eben so wie auch dieser, in Kleinigkeiten, in Wortstellungen, in der Angabe der Citate, sich geirrt, sie konnten beide — und darauf leitet uns besonders das „abbiert" — in ihrer Flüchtigkeit ganze Worte, Schlagworte vielleicht, wohl gar eine Wortreihe ausgelassen haben. Anders kann vernünftiger Weise diese Bemerkung nicht gedeutet werden; und da das was folio 55 (d. i. SS. 55. 56) geschehen zwar als die wichtigste

---

Katechismus angehängt „Catechismus. Der Euangelischen Kirchen in Franckreich, gestelt in Frag vnd Antwort. Gedruckt in der Churfürstlichen Stad Heydelberg, durch Johannem Mayer 1563."

der vorgenommenen Correcturen hervorgehoben, aber auch mit den anderen auf Eine Linie gestellt wird: so haben Viele, und unter ihnen grade die Neueren, ganz richtig geschlossen die Notiz wolle dem Leser nur sagen es seien in der zweiten Auflage unbedeutende Fehler und Versehen der ersten verbessert, und der achtzigsten Frage (s. 55) drei gegen die katholische Lehre gerichtete Zeilen angehängt. Eben der Wortlaut der Notiz bestärkte sie in ihrer irrigen Annahme daß die 80ste Frage bereits in der ersten Ausgabe gestanden habe *).

Die zweite Ausgabe (II) weicht von der ersten (I) — der Kürze wegen möge es erlaubt sein von nun an die drei Ausgaben mit I, II und III zu bezeichnen — obwohl die Blattgröße genau beibehalten und dieselben Typen verwandt sind, in der Form des Drucks allerdings ab, doch kann man nicht sagen daß der Text gegen den in I dargebotenen (von der 80ten Frage abgesehn) besondere Verbesserungen erfahren hätte. Zunächst waren die Druckfehler, welche sich in I eingeschlichen, so weit man sie entdeckt hatte, aus dem Text zu entfernen. In II sind wirklich einige derselben gebessert, aber (so wenig sorgfältig ist dabei verfahren) die gröbsten stehen geblieben**).

---

*) So noch Ullmann „diese Worte deuten offenbar nicht auf eine ganz neue Frage". Und thuns dennoch.

**) S. die Errata, welche I auf der letzten Seite angibt. Es sind zwölf. 1) S. 16 (Fr. 8) soll am Rand Habac. 53 statt Esaie 53 gelesen, 2) S. 28 (Fr. 31) nach offenbaret ein Punkt gesetzt, 3) S. 31 (Fr. 37) statt ewürde erwürbe

Die übrigen Aenderungen im Text sind theils ganz gleichgültige, meist nur orthographische Wortänderungen, von

gelesen, 4) S. 32 (Fr. 39) das Wort etwas vor mehr weggelassen, 5) S. 32 (Fr. 40) in der Zeile, welche mit tigkeit beginnt (das Verzeichniß der Druckfehler macht hier selbst wieder einen indem es sagt teglich) nach Gottes ein Comma gesetzt, 6) S. 41 (Fr. 57) statt „heiligen Leib" herrlichen Leib gelesen, 7) S. 56 (Fr. 81) nach zu bessern ein Doppelpunkt, 8) S. 56 (Fr. 82) nach Lebens, ebenso 9) S. 56 (Fr. 83) nach stück ein Comma gesetzt, 10) S. 61 (Fr. 92) die Zahl I. über das erste Gebot so gestellt werden wie II, III ꝛc. über den folgenden Geboten stehn (das I ist in der ersten Ausgabe offenbar Anfangs im Satz vergessen gewesen und erst später zwischen die Linien Gott redet ꝛc. und Ich bin eingeklemmt worden). — 11) S. 63 (Fr. 92) soll es im vierten Gebot statt dz mehr heißen das Meer. Endlich 12) S. 77 (Fr. 119) wird angegeben, es solle im Unservater gelesen werden „Nit"; aber so lautet es schon im Text, und haben auch hier (wie bei 5) Setzer und Corrector die Hand dessen nicht lesen können, welcher das Verzeichniß der errata gemacht hatte. Wahrscheinlich hat an dieser letzteren Stelle angegeben werden sollen, daß die mit „Nit" beginnenden Worte „Nit einfüre uns" in „Vnd für vns nit" zu ändern seien, wie sie sich auch gleich darauf (S. 82) bei der Auslegung des Vaterunsers finden. — Der Text in II (und III) hat die verzeichneten Fehler 1. 2. (nur daß hier unglücklicher Weise statt des Punktes der Doppelpunkt, durch neuen Fehler, gesetzt ist) 3. 5. 7. (auch hier ist die Correctur verunglückt, statt des Doppelpunkts ein Punkt gesetzt) 8. 9. verbessert. Auch bei 12 ist im Tenor des Unservaters die Bitte so berichtigt wie sie später bei der Auslegung erscheint; ebenso der Mangel bei 10 abgestellt, und zwar dadurch, daß die Gebote nicht mit Zahlen sondern mit Wor-

welchen es sogar ungewiß erscheint ob sie als Correcturen gelten wollen, oder nur aus der damals so weitgehenden Willkür der Setzer zu erklären sind *); theils neue Druckfehler**); theils sind in II richtige Wörter an Stelle der

---

ten bezeichnet sind. Das Wort aber (4) was S. 32 ausfallen sollte ist in II stehen geblieben, und auch die beiden Hauptfehler: „mehr" (für Meer) und „heiligen Leib" (für herrlichen Leib) hat II (auch III) beibehalten.

*) An folgenden Stellen: I hat S. 15. sind wir, II. seind wir; 16: zörnet — zürnet; 17. derhalben seine Gerechtigkeit erfordert — derhalben erfordert seine Gerechtigkeit; 19: sünder mehr — were; 20: keine bloße Creatur — kein; 21: warer glaube — glaub; 21: wirket — würket; 23: vnter Pontio — vnder; 20: kommen wird — komen; 20: Ich glaube — glaub; 20: ewiges — ewigs; 20: mit zweifel — nicht zweiffel; 31: verdammet — verdampt; 33: vnser sünde — vnsere sünd; 42: gehalten habe — hab; 42: kein sünde — keine sünd; 42: alle ben — allen ben; 58: vnter dem — vnder dem; 62: britt vnd vierd — dritte vnd vierde; 69: lehre vnd straff — lehr vnd straff; 77: das er vns — welches er vns. — Hierhin gehört auch (was schon erwähnt ist) daß in II die zehn Gebote nicht wie in I mit Zahlen bezeichnet, sondern mit Worten gezählt sind: Das Erste gebot, das Ander, das Dritte u. s. w. —

**) Von den bedeutenderen bezeichne ich folgende. In I steht S. 14 richtig: volkömlich — in II falsch: volkomlich; S. 50: kindern — kinder; S. 64: heiligte — heiliget; S. 64: schuldig sein — seind; S. 76: allein denen — allen; S. 81: allein auf dich: allien; S. 82: so schwach sein — seind. Außerdem hat II an acht Stellen sonder wo I richtig sondern hatte.

unrichtigen von I gesetzt *). An zwei Stellen ist die Construction leise geändert **); an zwei anderen sind Wörter, welche in I recht eigentlich „übersehen" und ausgefallen waren, eingefügt ***). Nur diese letzt genannten zwei Zusätze können für wichtig gehalten werden, die übrigen Aenderungen alle berühren das eigentliche Wesen des

---

*) S. 24 (Fr. 24) hat II die Articel richtig in diese Artickel; S. 34 (Fr. 44) das damals noch allgemein gebräuchliche abgefaren in abgestiegen (wie es auch schon S. 23 in I richtig stand); S. 54 (Fr. 78) das gebräuchliche Nachtmal in Abendmal; S. 77 (Fr. 119) als wir vergeben in: als auch wir vergeben (wie es auch S. 81 in I richtig steht); S. 77 (Fr. 119) Nit einfüre uns in: Vnd führe vns nicht (wie es auch S. 83 in I richtig steht); S. 83 (Fr. 128) daß also nicht wir in: daß dadurch nicht wir; S. 55 (Fr. 79) sein leiden vnd sterben in: sein leiden vnd gehorsam; ebendaselbst das Wörtchen an (vnser eigen person) in das Wörtchen in — umgeändert. Statt „auff vnd zu" S. 57 (Fr. 84) ist richtig zu vnd auff, und statt in der Tauff S. 54 (Fr. 78) in dem Tauff gesetzt.

**) Diese geringen Aenderungen sind: 1) S. 34 (Fr. 45) Zum andern daß auch wir .. werden, in II geändert in: zum andern werden auch wir; 2) S. 59 (Fr. 86) darumb daß, nachdem was Christus .. so, in II geändert in: darumb, daß Christus, nachdem er vns.

***) 1) S. 30 (Fr. 37) hat I: Frag. Waß nutz bekomestu aus der heiligen empfengnuß Christi? Antwort. Daß er mit seiner vnschuldt vnd ꝛc.; II. dagegen: Waß nutz bekomestu auß der heiligen empfengnuß vnd geburt Christi? Daß er vnser mitler ist, vnd mit seiner ꝛc. 2) S. 76 (Fr. 117) hat I: alles daß er vns befohlen hat; II dagegen: alles daß er vns zu bitten befohlen hat.

Katechismus nicht, und hätten entweder unterlassen oder auch stillschweigend vorgenommen werden können. Sie haben die Schlußbemerkung nicht veranlaßt.

Wir besitzen, wie schon aus dem Gesagten erhellt, in II nicht einen Wiederabdruck des Satzes von I — etwa mit Hinzugabe eines einzigen neuen Blattes welches einen Umbruch erfahren (fol. 55 *), oder unter neuer Paginirung, — sondern eine vollständig neue Ausgabe des Katechismus.

Wenn wir die beiden ersten Ausgaben darauf ansehn, müssen wir im Allgemeinen bemerken, daß, bei Verwendung derselben Lettern für beide Drucke, II durchweg viel conformer mit I hätte hergestellt werden können, wenn man es gewollt hätte. Und weil es nicht geschehen ist, kann nur angenommen werden daß gar kein Interesse vorlag die Gleichheit beider besonders anzustreben.

Gleich der Titel, welcher in II dem in I täuschend ähnlich auch mit demselben in Holz geschnittenen Wappenbild und dem Dreiblatt darüber verziert ist, bietet die Verschiedenheit, daß das Trennungszeichen am Ende der vierten Zeile in II schief liegt während es in I wagerecht steht.

Aber diese erste Seite ist auch die einzige, welche in beiden Ausgaben auf den Buchstaben gleich lautet; denn der Text des Einführungspatents und des folgen-

---

*) Eine Ansicht, die von Ullmann, besonders aber von Schaff vertheidigt ist. Stud. u. Krit. 1863. IV; Niedners Zeitschrift. 1864. III.

den ganzen Katechismus bietet Abweichungen zu Hunderten, und ist in I manches übersehen und versehn, dann wahrlich in II nicht weniger.

Die erste Seite des Patents (S. 3) Z. 9 hat in I die Schlußsylbe Pfarr-, in II: Pfar; und (von den dazwischen liegenden Abweichungen zu schweigen) bietet die Schlußseite desselben (S. 11) die charakteristische Verschiedenheit dar, daß I seine letzten sechs Zeilen in kleinerer, II hingegen in der gewöhnlichen Schrift gibt. Der Text des Katechismus beginnt in I auf S. 12; in II ist diese Seite leer gelassen und erst mit S. 13 begonnen; außerdem hat I hier als besondere Ueberschrift die Wiederholung des ganzen Haupttitels, wogegen II sich mit dem in großer Schrift gedruckten Wort „Katechismus" begnügt. Der lange Titel hat I gehindert, so viel Text auf die erste Textseite (12) zu bringen als II auf die ihr entsprechende (13): bei I schließt dieselbe mit kan während bei II die ganze erste Frage Platz gefunden hat. Damit ist die Abweichung beider Ausgaben von Anfang an begründet. Und diese Verschiedenheit wird je länger je größer. II und I gehen nicht einmal gleichbleibend Seite für Seite neben einander her, sondern weichen dadurch daß nicht immer dieselben Stellen mit größerer Schrift gesetzt sind, bald noch mehr, bald wieder minder von einander ab. So schließen in I S. 16 und in II S. 17 mit demselben Wort derselben Frage, und diese Gleichheit bis auf die Sylbe (Druckfehler abgerechnet) dauert fort I S. 17. 18. 19. 20. 21. und den entsprechenden Seiten in II 18. 19. 20. 21.

22. Aber die Ungleichheit beginnt wieder damit, daß II.22 ein Wort mehr als I.21, dann II. 23 zwei ganze Zeilen mehr als I. 22 enthält. In I S. 40 beginnt die Frage nach der Auferstehung mit dem letzten Drittel der Seite, während sie in II Seite 41 eröffnet; die Worte welche I S. 54 in der ersten Zeile stehn, finden sich in II S. 54 in der zweiten, so daß II Anfangs um eine ganze Seite in der Paginirung hinter I zurück, hier I bis auf eine einzige Zeile erreicht hat. Die fast ausgeglichene Verschiedenheit steigert sich wieder dadurch, daß in II auf S. 55 ein dreizehn Zeilen langes Einschiebsel, eine neue Frage beginnt, so daß die (jetzt) 84ste Frage in I S. 57 mit der vierten Zeile, in II S. 57 aber erst mit der letzten anhebt. Der dritte Theil des Katechismus (Frage 86) beginnt in I mit dem letzten Drittel der Seite 58, in II erst mit der zweiten Hälfte der Seite 59. Dazu kommt daß I zwei Seiten (64 und 65) mit 64 bezeichnet hat und so, unrichtig, weiter zählt, während II von Anfang bis zu Ende die richtigen Seitenzahlen darbietet; was zur Folge hat, daß der Schluß der letzten Frage in II S. 83 steht, während die ganze Frage in II das erste Drittel der S. 85 füllt. Der Anhang, welcher gleichlautend in beiden Ausgaben beigegeben ist, schließt in I auf S. 94, in II auf der (richtig gezählten) 96. Seite. Den Schluß bildet in I auf der nicht paginirten letzten Seite das Verzeichniß der Errata mit der Jahreszahl 1563, in II die oben schon angeführte auffallende Bemerkung „An den Christlichen Leser".

Diese dürren Notizen waren nothwendig, um den Beweis, daß die zweite Ausgabe des Katechismus nicht ein Abdruck des Satzes der ersten sei, unumstößlich zu führen und damit vielen verwirrenden Vermuthungen und Meinungen für immer ein Ende zu machen.

Wir kommen auf die Schlußbemerkung in II zurück. Sie benachrichtigt den „Christlichen Leser" es sei „was im ersten druck vbersehen, als fürnemlich folio 55. jetzunder auß befelch Churfürstlicher Gnaden addiert worden." An ihr scheitern alle Gesetze der Auslegung; sie sagt nicht was sie hätte sagen müssen.

Die erste Ausgabe (I) hat von der (später) achtzigsten Frage keine Spur*); sie enthält nur 128, nicht 129 Fra-

---

*) Alting (l. c.), nach ihm der auch von ihm abhängige B. G. Strube (Ausführlicher Bericht von der Pfälzischen Kirchen-Historie. Frankfurt 1721) behaupten mit Recht die 80ste Frage habe in der ersten Ausgabe nicht gestanden. Diese Meinung wurde durch sie ziemlich allgemein verbreitet und Augusti noch (a. a. O. S. 115) theilte sie. — D. L. Wundt (Magazin für Pfälzische Kirchengeschichte II. S. 112. 1798) hat zuerst den Irrthum daß die erste Ausgabe die 80ste Frage enthalte in Cours gebracht, sich dabei auf Exemplare der ersten Ausgabe (es waren aber die der zweiten) berufen, und was er sagte so glaublich zu machen gewußt, daß allmälig die competentesten Stimmen sich dafür entschieben haben sie stehe in der ersten Ausgabe, obwohl sie nun einmal nicht darin steht. Nächst Ullmann (welchem auch die undeutliche Fassung der eben verhandelten Schlußbemerkung des Katechismus Wundts Meinung glaublich machte) hat die Ansicht, daß die Frage in der ersten Ausgabe gestanden, an Schaff den eifrigsten Vertreter gefunden.

gen. In richtiger Entwicklung folgen sich an der betreffenden Stelle bei der Behandlung des heiligen Abendmahls die Fragen: wird denn aus Brod der Leib Christi? .. Warum nennt denn Christus das Brod seinen Leib? .. Wer darf zu seinem Tisch kommen? .. Sollen auch Gottlose zugelassen werden? — und Niemand wird dabei etwas vermissen. Diesen ganz objectiv gehaltenen nur' mit. der Sache selbst beschäftigten Gedankenzug durchbricht die zweite Ausgabe dadurch, daß sie zwischen die Frage warum Christus das Brod seinen Leib heiße, und die: wer seinem Tisch sich nahen dürfe, jene, unter dem Namen der 80ten Frage bekannte leidenschaftliche Exposition über die Messe einschiebt. Sie lautet buchstäblich (auf S. 55): „Frag. | Was ist für ein vnderscheid zwische͞ | dem Abendmal des HERRN vnd der | Babstlichen Meß? | Antwort. | Das Abendmal bezeuget vns daß wir | volkomne vergebung aller vnser sün= | den haben, durch das einige opffer | (auf S. 56:) Jesu Christi, so er selbst ein mal am | creutz volbracht hat, a | Die Meß aber lehret daß die lebendi= | gen vnd die todten nit durch das leiden | Christi vergebung der sünden haben, es | sei dā, daß Christus noch teglich für sie | von den Meßpriestren geopffert wer= | de: b Vnd ist also die Meß jm grund ein | abgöttische verleugnung deß einigen | opffers vnd leidens Jesu Christi. c" Als Beweißstellen sind auf dem Rande citirt „a Hebr. 9. & 10. Joh. 19.", an der Zeile in welcher b steht „Vide Canonem in Missa.", und eine Zeile tiefer als die letzte Textzeile hinabreicht „c Hebre. 9. & 10." Die Frage füllt auf S. 55 und 56 („folio 55") mehr als zwei Drittel einer Seite, achtzehn Zeilen.

Nicht mit einem Versehen, wir haben es hier mit einer Willkür zu thun. Der Churfürst hat, unter der beschönigenden Bemerkung es sei was früher übersehen nun „abdiert", geringe Mängel bessern lassen und eine ganze Frage in den Katechismus eingeschoben.

Daß sie in ihrem letzten Ursprung auf i h n zurückführt, gleichviel ob er sie selbst concipirt oder durch einen Andern (etliche sagen unter dem Widerspruch seiner Theologen) hat concipiren lassen, ist bisher unbestritten von Allen behauptet, und daß er die Verantwortlichkeit für sie auf sich genommen bezeugt die Schlußbemerkung — „auß befelch Churfürstlicher Gnaden" — ausdrücklich. Die Kirchengeschichtschreiber der Pfalz berichten darüber der Fürst sei, als er die erste Nachricht von den durch das Tridentiner Conzil über die Protestanten gesprochenen Bannflüche erhalten, zur Abfassung der Frage veranlaßt, hingerissen worden.

Sein Eifer sollte noch höher steigen.

V. Dritte Ausgabe; die achtzigste Frage in ihrer zweiten Fassung.

Nicht lange nach der zweiten erschien, noch im Jahre 1563, die dritte Ausgabe des Katechismus.

Vergleichen wir sie (III) *) mit der zweiten (II), so

---

*) Niemeyer hat den Text dieser Ausgabe III nach einem

bemerken wir sogleich daß sie derselben außerordentlich ähnlich ist. Wir sahen wie diese zweite (II), welche ohne irgend eine erkennbare Nebenabsicht den Text der ersten (I) abdruckt, von Anfang an dieser so ungleich ausgefallen, daß ihr Druck bei gleichem Text doch die größten Abweichungen darbietet. Bei der Unvollkommenheit der technischen Hülfsmittel damaliger Offizinen, namentlich in kleineren Städten, muß uns dieser Umstand leicht erklärlich scheinen*). Desto auffallender ist es nun aber auch wahrzunehmen, daß die dritte Ausgabe so augenscheinlich sich bestrebt der zweiten gleich zu sein.

Ich will das Gesagte zu beweisen versuchen.

Der Druck von III ist mit den Typen der beiden ersten Ausgaben besorgt. Die Titel von III und II, mit dem gewohnten Churfürstlichen Wappen und auf den Buchstaben gleichlautend, würden vollständig gleich sein, wenn nicht in III das Dreiblättchen über dem Wappen so hoch unter das letzte Titelwort „wirdt" gerückt wäre, daß man ihm deshalb seine Ranken hat wegnehmen müssen.

Exemplar welches er besaß in seiner collectio (p. 390) obwohl mit manchen Versehen buchstäblich abdrucken lassen.

*) Die Mayer'sche Druckerei in Heidelberg war, wie die drei Katechismusausgaben beweisen, hinter anderen gleichzeitigen Deutschlands weit zurück. Spätere Erzeugnisse derselben (z. B. Ein Predigt ober die wort S. Marcus im 2 Cap. durch Johann Willing. Heidelberg durch J. Mayer 1565) bieten bessere Schrift und sorgfältigeren Druck.

Das Patent Friedrichs beginnt und endet, in durchaus gleichbleibenden Zeilen in III und II gedruckt, mit S. 3 und 11, und zwar so daß in III sogar jede der fünf letzten Zeilen des Patents um dieselben Sylben wie in II verkürzt ist, um sie nach unten zugespitzt auslaufen zu lassen. Auch im Katechismustext hält III sich so genau an II, daß die einzelnen Zeilen und Seiten von S. 1 bis 48 in beiden mit denselben Sylben anfangen und enden. Bei oberflächlichem Ansehen hält man II und III für Abdrücke desselben Typensatzes, und erst eine Prüfung auf den Buchstaben belehrt uns daß wir auch in diesem ersten Theil wirklich verschiedene Drucke vor uns haben*). Erst während wir uns dem „folio 55" mit seiner 80ten Frage nähern werden die Abweichungen größer. Denn nun geht augenscheinlich III darauf aus Raum zu schaffen um diese Frage in ihrer zweiten, erweiterten Fassung unter-

---

*) Die Aufzählung einiger auffallender Verschiedenheiten möge für unsern Zweck genügen. So hat II Seite 3. Zeile 9: Vnsern; III hat an derselben Stelle: vnsern; II, 3, 15: zuwissen; III: zu wissen; II, 16 steht 2 Cor. 3. am Rand der zehnten, in III der elften Zeile; II, 20, 8: einen Mittler, III: ein Mittler; II, 24, 1: Herrn, III: HERRN; II, 28, 4: an, III: an-; II, 32, 4: wie, III: wi; II 36, 9: nit, III: nicht; II, 39, 4: Was glaubestu vom heiligen Geist, III: Was glaubstu vom hiligen Geist; II, 43 steht das letzte Wort der 63. Frage „sind" am Schluß der 24 Zeile, in III bildet es das einzige der 25ten; II, 48, 14: wasserbab —, III: wasserbab.)

zubringen ohne die Uebereinstimmung von III mit II wesentlich zu gefährden. Noch S. 48 beginnt und endigt in beiden Ausgaben mit derselben Sylbe. Seite 49 aber, welche in beiden mit dem Worte „Geist" (in der 73 Frage) anfängt, und in II nur **vier** Zeilen der Antwort auf die 74 Frage hat, hat in III deren **sieben** aufnehmen müssen. Auch auf den nächstfolgenden Seiten drückt III den Text enger zusammen, gewinnt dadurch zu den schon gewonnenen drei Zeilen auf S. 50—54 noch **zwei** und ist dadurch mit dem Schluß der 54ten Seite fünf ganze Zeilen voraus. So ist es ihr (III) möglich, auf S. 55 von der erweiterten (Antwort der) 80ten Frage **acht** Zeilen unterzubringen, während dieselbe Seite in II nur **drei** davon enthält. Den Schluß der 80ten Frage hat II auf S. 56 in **zehn** Zeilen, III bedarf für den umgestalteten und erweiterten Schluß derselben noch **zwölf**. Es gelingt III aber auch diese zwei Zeilen durch Zusammenpressung der übrigen und Zusatz einer neuen (**über das Maaß des Formates des Buchs hinaus!**) noch auf S. 56 unterzubringen, und so diese Seite glücklich mit demselben Wort (dem Schlußwort Gericht der 81ten Frage) zu schließen mit welchem II die entsprechende Seite 56 schließt. Das Ziel: die Uebereinstimmung beider Ausgaben nur so viel als **unumgänglich** nöthig war zu stören ist damit erreicht; nur acht Seiten, und noch dazu in der Mitte des Buches wo sie sich dem Blick leichter entziehn, sind in III von den entsprechenden in II verschieden, die Hauptmassen zu

Anfang und zu Ende, die Seiten 1—48 und 57—96, in beiden gleich, in Seiten und Zeilen gleich.

Setzen wir die Vergleichung beider Ausgaben bei S. 57 fort, so wiederholen sich die früher (S. 1—48) gemachten Bemerkungen. Das ängstliche Streben mit denselben Sylben die Seiten zu beginnen und zu schließen dauert fort: nur neue Druckfehler belehren uns daß wir auch in diesem zweiten Theil verschiedene Ausgaben vor uns haben. Gleich das erste Wort auf S. 57 lautet in II: Solle, in III: Sollen*), und noch das letzte, unter den Text gedruckte, Richtwörtchen (der Custode) der (an Fehlern besonders reichen) Seite 80 ist in beiden Ausgaben verschieben; in II heißt es daß, in III das (das ist: gib vns erstlich u. s. w. in Fr. 122.). Mit dieser Incorrektheit schließen die Abweichungen. Die Vergleichung der Seiten 81—96 in III mit den entsprechenden in II ergibt daß dieselben durchaus übereinstimmen und zwar bis in die typographischen Versehen, bis in die kleinsten Kleinigkeiten, bis in die mangelhafte Gestalt

---

*) Von weiteren Abweichungen hebe ich hervor: II, 59 letzte Zeile: ebenbild, III ebendaselbst: ebenbildt; II, 61, letzte Zeile: seind, III: sein; II, 65, 3 daß, III: das; II, 69, 1 heiligen Name, III: heilige Namen; II, 71, 9 anfāg, III: anfange; II, 72, 24 verdamt, III: verdampt; II, 73, 2 jm, III: jhm; II, 75, 1 jm, III: jhm; II, 76, 7: Könen, III: Können; II, 77, 22: gebet, III: gebett; II, 78, 23: Gebet, III: Gebett; II, 80, 2: gebets, III: gebetts; II, 80, 7: wolle, III: wölle; II, 80, 8: jn, III: jhn; II, 80, 23: name, III: Name.

eines einzelnen Buchstabens hinein*). Unzweifelhaft haben wir in diesen Seiten 81—96 in III und II nur Abdrücke ein und desselben Letternsatzes (des sechsten Bogens wie der zählende Buchstabe f auf dem untern Rande der 81. Seite angibt) vor uns. Daraus erklärt es sich auch, daß die Schlußbemerkung („An den Christlichen Leser. Was im ersten truck vbersehen, als fürnemlich folio 55. Ist jetzunder auß befelch Churfürstlicher Gnaden. addiert worden. 1563.") welche nur auf die II Ausgabe paßt auch in der III Ausgabe enthalten ist.

Diese Thatsachen berechtigen uns zu neuen Schlüssen.

Daß Ausgabe II mit I nicht stimmt, und, obgleich mit denselben Lettern und in demselben Format gesetzt, viele typographischen Abweichungen darbietet, haben wir uns aus der unvollkommenen Technik der damaligen Buchdruckerei erklärt. Wie aber sollen wir es uns deuten, daß Ausgabe III in ihrem Haupttheil (S. 1—48) Ausgabe II so ängstlich genau wiedergibt, von ihr nur abweicht um für eine Erweiterung der 80ten Frage Raum zu gewinnen, gleich darauf wieder mit ihr buchstäblich überein-

---

*) Gleich S. 81, 20 fehlt in III wie in II am Schluß der Zeile das Trennungszeichen nach der Sylbe wi (im Worte wider); S. 81, 3 haben beide das Wort allien statt allein; S. 84, 4 fehlt in beiden am Schluß der Zeile das Trennungszeichen nach den Sylben vnse (in vnsere); ebenso S. 87, 11 nach der Sylbe Hel (in Hellen); S. 92, 4 nach de (in deren); S. 96, 10 haben beide den sinnlosen Punkt nach Gnaden in der Schlußbemerkung.

zustimmen sich bemüht (S. 57—80), und endlich gar die letzten 16 Seiten im Satz derselben abdruckt?

Wahrscheinlich ist gleich nachdem die Exemplare der II Ausgabe versandt waren, und, genauer noch, zu der Zeit als der Satz der ersten fünf Bogen des Katechismus schon auseinander genommen, der des letzten, sechsten, Bogens aber in der Offizin noch vorhanden war, der Druck der III Ausgabe in Angriff genommen; und rechtfertigt die absichtliche Gleichförmigkeit und Uebereinstimmung dieser neuen dritten Ausgabe mit der vorhergehenden zweiten wohl die Annahme, daß sie für die II Ausgabe hat angesehen sein, als dieselbe hat gelten wollen.

Wäre die Umgestaltung der 80ten Frage beschlossen gewesen schon ehe der Druck der II Ausgabe vollendet war, so hätte ein Umdruck des Doppel=Blattes oder höchstens des Bogens auf welchem sie steht genügt. Wäre sie nur schon beschlossen gewesen noch ehe die Versendung der II Ausgabe begonnen hatte, so wäre noch mit dem Umdruck eines einzigen Blattes (folio 55) und seiner Einfügung in die (nach dem Geschäftsbetrieb jener Zeit gleich gebundenen) Exemplare das was man wollte zu erreichen gewesen. In jedem dieser beiden Fälle war eine neue Ausgabe des ganzen Buchs unnöthig, und würde kaum mehr als ein Gerücht von einer ersten und zweiten Fassung der 80ten Frage auf die Nachwelt gekommen sein.

Der Grund den Katechismus in III Ausgabe neu zu drucken ist nur der gewesen: die 80te Frage in zweiter, erweiterter Fassung, wozu der Churfürst nachdem er die Bannflüche des Tridentiner Concils von welchen er früher nur gehört, ihrer ganzen Reihe nach gelesen hatte, gekommen ist, in das Buch einzuschieben und es in dieser Form, mit ihr, in Cours zu bringen. Dabei mußte er dulden was eben nicht mehr zu ändern war, daß diese Frage nämlich in ihrer ersten Fassung schon in der II Ausgabe irgendwie bekannt geworden war. Doch haben wir dabei wohl auch anzunehmen, daß die Exemplare dieser II Ausgabe noch nicht sehr verbreitet waren als, so bald schon, die der III ihnen nachgesandt wurden: denn die Zeit welche zwischen der Publication der II Ausgabe und dem Entschluß die 80te Frage neu zu fassen vergangen ist, muß vielleicht nach Tagen, jedenfalls nicht höher als nach Wochen bemessen werden, da in ihr das Absetzen der Typen noch nicht bis an den sechsten Bogen fortgeschritten war. Wahrscheinlich sind auch die Exemplare der II Ausgabe so weit man ihrer wieder habhaft werden konnte, eingezogen, und die alten Nachrichten welche von einer Vernichtung der noch vorgefundenen Exemplare der I Ausgabe reden, auf die der IIten zu beziehn. Denn ein Einziehen der I Ausgabe aus dem buchhändlerischen Verkehr hatte für Friedrich keinen Zweck, weil ja die Exemplare derselben an den maaßgebenden Stellen auf welche ihm es zunächst ankam, bei den Fürsten nämlich und ihren Theologen an welche er sie hatte vertheilen lassen, vorhanden und bekannt waren und, von hier nicht zurückgezogen werden konnten. Es war nun einmal nicht zu verbergen daß in der I Ausgabe die 80te Frage fehlte;

der Kurfürst mußte es auf sich nehmen daß sie später erst in den Text gekommen, "addiert" sei, und er gestand daß in der Schlußbemerkung wenn auch in zurückhaltenden Worten und hoffte es vertreten zu können. Wie aber nun wenn es bekannt wurde daß die 80te Frage, diese eigenwillige Aenderung des Catechismus, dieser vom Zaun gebrochene Angriff auf die katholische Kirche, in ihrer ersten Fassung dem Fürsten so schnell leid geworden, daß er so schnell damit seinem Zorn noch nicht genug gethan zu haben vermeinen konnte? Man denke davon was man will: dem Vorwurf vorschnellen Handelns würde er nicht entgangen sein wenn man erfuhr daß ihm eine Frage seines Landeskatechismus in wenig Wochen veraltet war; die Beschuldigung eines unmäßigen Zornes konnte ihm gemacht werden wenn es erst allgemein fest stand daß die 80te Frage nicht der plötzliche Ausbruch einer unbewachten Stunde sondern eine in zwei Stadien zu Stand gekommene Meinungsäußerung war, die ihm nicht eher gefiel als bis er sie aus der schlimmsten Anklage der katholischen Lehre zur Verfluchung derselben gesteigert hatte. Wie sehr das aber dem Katechismus, auf welchen Friedrich große Hoffnungen baute, zum Schaden gereicht haben würde konnte er sich nicht verbergen. Nur aus der Scheu vor diesem öffentlichen Gericht was der 80ten Frage (und so auch, obwohl mit Unrecht, dem Katechismus) drohte, können wir es erklärlich finden daß die in die Welt gedrungenen Exemplare der II. Auflage von der ihnen auf dem Fuß nachfolgenden der IIIten verleugnet wurden, daß diese letzteren in ihrer Schlußbemerkung thun als wäre seit der I Ausgabe noch keine andere gedruckt, daß sie mit der Prätension auftreten der zweiten Ausgabe angehören*).

Die erste — oben mitgetheilte — Fassung der 80ten Frage (in II) ist von den unzuverlässigen Bearbeitern der Geschichte des Katechismus im vorigen Jahrhundert, welche sich zuerst eingehender mit ihr beschäftigten, unrichtig angegeben. Weil sie sich nicht einmal die Mühe genommen haben sie in der II. Ausgabe, welche einige von ihnen (D. L. Wundt, van Alphen) doch vor sich hatten, durchzugehn, sondern sich mit der Wahrnehmung begnügten daß ihr die vier letzten Worte (der Fluch „und eine vermaledeite Abgötterey") fehlten ohne einen weiteren Unterschied der ersten von der zweiten Fassung zu bemerken, haben sie alle ihre Nachfolger bis auf die neuesten, welche sämmtlich nicht im Besitz von Katechismusexemplaren und deshalb auf die Aussagen ihrer Vorgänger angewiesen waren, in ihrem Urtheil über die Frage irre geführt. Denn es handelt sich nicht, wie die gewöhnliche Annahme meint, in III um eine bloße

---

*) Ein Zeitgenosse welcher, ohne mit den Pfälzer Ereignissen genau bekannt zu sein, ein Exemplar der II mit einem der III Ausgabe verglich, konnte kaum auf einen anderen Gedanken kommen als daß er in dem ersteren ein mangelhaftes, vielleicht gar verstümmeltes, Exemplar der Ausgabe III (welche er für die zweite Ausgabe halten mußte) besitze. „Quaestio 80 de sacra coena vel prorsus omissa (I Ausg.) vel mutilata" (II Ausg.)! Niemeyer l. c. praef. 57.

Verlängerung vielmehr um eine Erweiterung und Umge=
staltung der 80ten Frage.

Die zweite Fassung derselben hat nämlich nicht nur die erste
um vier Schlußworte sondern außerdem noch um sieben
und zwanzig eingeschobene Worte (im Ganzen um sieben
Zeilen) erweitert, und lautet buchstäblich: „Frag. | Was
ist für ein vnderscheid zwischen | dem Abendmal des HERRN,
vnd der | Bäbstlichen Meß? | Antwort. | Das Abend=
mal bezeuget vns, daß wir | vollkomene vergebung aller
vnserer sün= | den haben, durch das einige opffer Jesu |
Christi, so er selbst einmal am creutz vol | bracht hat c.
Vnd daß wir durch den H. | Geist Christo werdē einge=
leibt d, d' jetzūd | mit seinē waren leib im himel zur
Rech= | ten des Vaters ist e, vnd daselbst wil an= | gebettet
werden a. Die Meß aber lehret, | daß die lebendigen vnd
die todten nicht | durch das leiden Christi vergebung der |
sünden haben, es sey denn daß Christus | noch täglich für
sie von den Meßprie= | stern geopffert werde. Vnd dz Chri=
stus | leiblich vnd' der gestalt brods vn̄ weins sey, vnd
derhalben darin sol angebettet | werdē b. Vnd ist also
die Meß im grund nichts anders, denn ein verleugnung
des | einigen opffers vn̄ leidens Jesu Christi, | vnd ein
vermaledeite Abgötterey." Als Beweisstellen sind am
Rande citirt „ c Heb. 7. 9. & 10. Joh. 19. Matt. 26.
Luc. 22. d 1. Cor. 6. & 10. e Heb. 1. et 8. a Joh. 4.
& 20. Luc. 24. Act. 7. Coloss. 3. Phil. 3. 1. Thess. 1.
b In Can: de Missa. Item. De cōsecr: distinct: 2."
Also nicht nur um einen Fluch vergrößert sondern in der

schroffen Darstellung der Lehre und Gegenlehre geändert erscheint die Frage hier; sie verwirft ausdrücklich nun die Anbetung Christi unter der Gestalt des Brodes und Weines, und behauptet um dies zu können daß Christus mit seinem wahren Leib im Himmel sei und daselbst wolle angebetet werden.

In Beziehung auf den dogmatischen Gehalt dieser zweiten (von da an recipirten) Fassung der Frage wird behauptet werden dürfen daß der Fürst, welchem sich das reformirte Dogma von der Person des Erlösers unvermerkt vergröbert zu haben scheint, mit ihr über die sonstige Lehre des Katechismus hinausgegangen ist*). Die 46te Frage behauptet wie 49te und 50te mit dem Wort der Schrift: Christus sei im Himmel; die 47te: er sei **nach seiner menschlichen Natur** nicht auf Erden (also nur im Himmel, während er „nach seiner Gottheit" im Himmel und auf Erden ist)**); die 49te: wir hätten

---

*) Ich bedaure daß die Aufsätze „Charakteristik des H. K." (von Prof. Sack; Stud. u. Krit. 1863 II. 213), „Ueber die Einführung des H. K." und „Die speculativen Elemente des H. K." (im Evang. Gemeindeblatt für Rheinland 1863. 17 u. 23) nicht ausführlicher auf die 80te Frage eingegangen sind. Eine Erinnerung an die inneren Gründe welche die beiden neuen Unionskatechismen, für Baden und für Rheinland, veranlaßt haben sie nicht aufzunehmen wäre gewiß zeitgemäß gewesen.

) Ursinus: „Es ist eine andere Frage ob Christus mit seiner Person Alles erfülle, und ist also wahr **nach seiner Gottheit und nicht nach der menschlichen Natur".

unser Fleisch im Himmel zu einem sichern Pfand. Damit ist die Lehre um welche es sich handelt biblisch, theologisch und mystisch ausreichend, vollständig dargestellt. Des Churfürsten Frage aber führt die bei der Darstellung der Lehre von der Existenz des verklärten Erlösers im Himmel ganz neuen Worte „wahrer Leib" ein welche der Katechismus mit Willen vermieden hatte*). Die im Anhang (unter Nummer 3) mitgetheilte, von Lutheranern herrührende, theologische Beurtheilung des Katechismus ehe er die 80ste Frage enthielt muß darum gestehn „daß seine Frage von der Himmelfahrt ihrem Wortlaut nach wohl passiren könne" und vergeht sich deshalb so weit, perfide zu folgern: weil aber nun doch einmal der Katechismus die Himmelfahrt nicht lutherisch und also zwinglisch verstehe, könne man sich „mit seinen Worten nicht für bezahlt halten". Wie würden ihre Verfasser über die Worte „wahrer Leib" hergefallen sein! Unläugbar aber hat Friedrich ihren Trugschluß zu Ehren gebracht**).

---

*) Und vermeiden wollte da Christus (Frage 35 und 16) „wahre menschliche Natur" aus dem Fleisch und Blut der Jungfrau Maria an sich genommen hat.

**) Die erste holländische Uebersetzung des Katechismus kam schon 1563 zu Emden heraus (Kist en Royaards, archief IX. 296; ter Haar P. Datheni vita, Traj. 1858. p. 124. „Catechismus ofte Christlicke onderricht, alse be in kerken unde Scholen der Korförstl. Pfaltz gebrewen werdt. 1563." f. Niemeyer l. c. praef.); es ist nicht gewiß aber wahrscheinlich, daß sie von Dathen herrührt; die 1566 erschienene

So ist denn die Theologie nicht grade glücklich mit der churfürstlichen Frage bedient worden. Aber auch die

―――

ist jedenfalls eine durch ihn besorgte Ueberarbeitung dieser ersten. Er hat sie dadurch daß er sie verbreitete in der ganzen niederländischen Kirche heimisch gemacht, besonders seitdem er auch auf dem Convent zu Wesel dafür hatte wirken können. Obwohl Friedrichs Freund, hat er es doch nicht über sich gewonnen in der Uebersetzung der 80ten Frage seinen Meinungen zu folgen, vielmehr dieselbe mit der reformirten Lehre in Uebereinstimmung gebracht. Die altholländische Uebersetzung der Worte „daß wir Christo werden eingeleibt der jetzund mit seinem waren leib im himmel zur Rechten des Vaters ist" lautet „dat wy Christo werden ingelyft, die nasyne menschelicke nature niet op der aerden maer in den hemel is ter rechter handt Godts". Auch die ersten Gelehrten welche den Katechismus sammt seiner fürstlichen Frage ins Lateinische zu übertragen hatten, Josua Lagus und Lambert Pithopöus (1563) führten die Worte ihres Herren zur allgemeinen Lehre zurück indem sie (eben so scharf als Dathen) übersetzten „nos inseri Christo, qui jam secundum naturam suam humanam tantum in coelis est ad dextram patris". (vgl. De Psalmen Davids ende ander Lofsanghen wt den Francoyschen Dichte in Nederlandschen overgheset doer Petrum Dathenum. Metgaders den Christelyken Catechismo, Ceremonien ende Gheboden. Gheprint in't Jaer ons Heren MDLXVI. 8°. Desgl. De Psalmen Davids, wt den Fransoyschen Dichte in Nederlantschen ouerghesct, Door Petrum Dathenum. Item, hier is by geuoecht op die kant de Latynsche texte ouergeset wt den Hebreeuschen van veerse tot veerse naar wtwisen getal. Van nieus ganze Anlage, den Charakter des Katechismus hat sie alterirt. Er verfolgt durchweg keinen andern Zweck als den:

---

ouerghesien ende gecorrigeert. Tot Rowaen by Abel Clemence 1557. (so, irrig, in allen Exemplaren statt 1567) 12⁰. Die Vorrede Dathens ist datirt „tot Franckenthal den 25. Martij 1567"; der Heidelberger Katechismus ist angedruckt und das Ganze trägt die Schlußbemerkung „Voleynt den 28. Aprilis Anno 1567. Finis.") Die lateinische Uebersetzung führt in all ihren Ausgaben den Titel: Catechesis religionis Christianae quae traditur in ecclesiis et scholis palatinatus. Der erste Druck derselben soll nach der traditionellen Annahme 1563 fertig geworden sein. Mir ist keine Ausgabe vor der 1566 gedruckten bekannt. Damit ist freilich nicht bestritten daß der lateinische Text auch schon 1563 im Manuscript vorhanden war (das Einführungspatent sagt es ausdrücklich): aber es ist leere Uebertreibung zu sagen auch „die lateinische Ausgabe sei im Januar 1563" schon fertig gewesen (Augusti S. 110). Sie hätte, mit der deutschen zugleich erschienen, auch deren Variationen durchmachen müssen, was sie aber nicht gethan hat.

An dieser Stelle sei noch die Bemerkung erlaubt daß die ältesten Uebersetzungen des Katechismus, die lateinische und holländische, manche eigenthümliche Feinheit des Gedankens und der Wendung, nicht wiedergeben. Schon Alting sagt mit Recht in editione germanica omnia non solum rotundiora, sed etiam $\dot{\epsilon}\mu\varphi\alpha\tau\iota\varkappa\dot{\omega}\tau\epsilon\rho\alpha$. Als Beispiel diene die 19. Frage. „Die Botschaft von unsrer Rettung, heißt es da, hat Gott zuerst im Paradies offenbart, durch die Profeten verkündigt, durch die Institutionen des Gesetzes vorgebildet, endlich durch die Menschwerdung seines Sohnes erfüllt" — „durch seinen eingeliebten Son

die Lehre der h. Schrift in derjenigen klaren Weise wie sie seine Verfasser und Beurtheiler erkannt hatten, und in der systematischen Form wie sie dieselbe dem Volk und den Glaubensgenossen denkbar und annehmbar machen zu können hofften, einfach darzulegen. Er ist vorzugsweise positiv, affirmativ, nicht apologetisch oder polemisch; durch Bezeugung nicht durch Vertheidigung der Wahrheit will er ihr dienen, hat er ihr gedient. Verwahrt er sich wo gegen Irrthümer, so nennt er doch die bestrittene Religionsparthei nirgend mit Namen wie es hier geschehen ist; noch weniger aber sieht er die Irrlehren in der katholischen Kirche allein. Selbst die 30te Frage vom Glauben an Christus, welche zunächst die katholische Lehre berücksichtigt, wendet sich zugleich doch auch gegen alle die, welche sich selbst zum Heil zu verhelfen wähnen, — und deren gibts hüben wie drüben; die 62te weist nicht nur die katholische Lehrform von der Gerechtigkeit des Menschen vor Gott

---

erfüllet". Daß das Wort eingeliebt mit der Liebe nichts zu schaffen hat wissen die Uebersetzungen sehr wohl; und auch die lateinische überträgt nicht per filium suum dilectum complevit (im Anschluß etwa an Marc. 9, 7); sie fühlt daß das Wort (nach Joh. 1, 14 und Gal. 4, 4 — der auch dazu citirten Stelle —) das $\sigma\grave{\alpha}\rho\xi\ \gamma\epsilon\nu\acute{o}\mu\epsilon\nu o\varsigma$, $\gamma\epsilon\nu\acute{o}\mu\epsilon\nu o\varsigma\ \grave{\epsilon}\kappa\ \gamma\upsilon\nu\alpha\iota\kappa\acute{o}\varsigma$ der Schrift wiedergeben will, Mensch, Fleisch, Leib geworden — eingelibt; da sie aber nicht wagt die neue (und auch mißverständliche) Phrase per filium suum genitum zu gebrauchen, begnügt sie sich mit der kirchlich gewöhnlichen: per filium unigenitum.

ab, sondern zugleich alle damals schon auch auf evangelischen Gebieten hervorgetretenen Versuche die Heiligung irgendwie in die Rechtfertigung hineinzunehmen; die 90te trifft die Bilder in den Kirchen der Lutheraner eben so wohl wie der Katholiken; und was an der Abendmahlslehre der katholischen Kirche wie auch als gefürchtete Consequenz der lutherischen Nachtmahlslehre zu bestreiten war, das war in der 78ten bereits bestritten worden*).

---

*) Die lateinischen Randcitate der 80ten Frage haben auch ihre kleine, bisher unbeachtete Spezialgeschichte. In Ausgabe II ist nur der Meßcanon angezogen und lautet das Citat Vide Canonem in Missa. Der, dem Osanna in excelsis in der Messe folgende sogen. Canon (mit seinen Stellen: pro quibus tibi offerimus hoc sacrificium; nos servi tui offerimus hostiam puram; etc.) durfte ja zum Beweis dessen was in dem betr. Passus der Frage behauptet war angeführt werden. In Ausgabe III ist nun aber zu diesem Citat ein zweites hinzugekommen, welches bezeugen soll daß nach der katholischen Lehre Christus unter der Gestalt des Brodes und Weines anzubeten sei, und es heißt nun „In Can.: de Missa. Item. De conscer: distinct: 2." Dies neue, mit Item eingeleitete Citat ist dem Corpus juris canonici entnommen, und es konnte wirklich auf die ganze weitläufige distinctio 2 des dritten Buches des Gratianschen Decrets mit ihren 97 canones hier verwiesen werden, da sie alle auf den verhandelten Gegenstand sich beziehn. Es scheint aber derjenige welcher dies neue Citat herzugab oder dem Text beizuschreiben hatte, das erste Citat (vide canonem in missa) nicht vom Meßcanon verstanden sondern gleichfalls für ein,

Ueber die ethische Seite der Frage werden wir nicht günstiger urtheilen können. Sie enthält einen Fluch. Wir wollen nicht wiederholen was oft schon zu seiner Erklärung, zu seiner Entschuldigung, zu seiner Rechtfertigung vorgebracht ist. Gewiß ist ja, daß man zu jener Zeit der religiösen Kämpfe in gegenseitiger Verbitterung grade in diesem Punkt bis an die äußersten Grenzen des Möglichen ging, daß es Solche gab die das Verfluchen als wesentliches Stück des priesterlichen Charakters der Christen priesen, daß die Verfluchungen des Glaubens der Evangelischen auf dem Tridentiner Conzil diesem Fluch des Churfürsten vorhergingen, ihn veranlaßt haben. Und was den Vorwurf der Abgötterei und des Götzendienstes angeht den die Frage erhebt, so ist um Alles zu sagen nur daran zu erinnern, daß selbst die evangelischen Glaubensgenossen seines eignen Landes denselben von ihm zu hören bekommen

---

wenn auch ohne Angabe des betreffenden Theiles und also nicht regelrecht abgefaßtes, Citat irgend eines Canons im corpus juris gehalten zu haben, und deshalb bewogen zu sein nun beide Citate zu conformiren; und so entstand der eben angeführte Wortlaut in der III Ausgabe „In Canon: de Missa. Item. De consecr: distinct. 2". Danach erst wurde der Irrthum offenbar und (wahrscheinlich bei der ersten Ausgabe der lat. Uebersetzung) beseitigt, der Canon der Messe von den Canones der Canonisten unterschieden und richtig citirt: In canone Missae. Item. De consecratione distinct. 2. (der Zusatz Conc. Trid. sess. 13. 5 ist neueren Ursprungs.)

haben *). Trotz alle dem wäre es seinem Katechismus ersprießlicher, der Kirche seines Landes und der Sache der Wahrheit heilsamer gewesen, wenn er es über sich vermocht hätte seine 80te Frage dem Lehrbuch seiner Gemeinden nicht aufzuladen, wenn er in jener leidenschaftlichen Zeit nach des Herrn Gebot das Fluchen nur mit Segnen bekämpft und Ihm seine Sache befohlen hätte **).

---

*) Sein Ausschreiben an die Aemter vom 3. Oct. 1565 sagt: es sey „noch hien und wieder viel Abgötterey überig plieben, Altarien, Crucifix, Thauffstein und dergleichen Götzenwergf mehr"; und der angehängte Befehl fordert „alles obgemelt Geschmayß" in der Kirchen „abzuschaffen" damit es zur „Abgötterey" nicht mehr gebraucht werden könne. — Aus dem Karlsruher Archiv mitgetheilt v. Vierordt a. a. O. I. 465.

**) Die entschiedensten Verehrer des Churfürsten haben den schneidigen Ton der 80. Frage beklagt. Sie durften es. Friedrich von der Pfalz bleibt auch bei diesem Fehler noch groß genug. — Am schärfsten ist der Tadel eines hochgeehrten Theologen unsrer Zeit ausgefallen: Friedrich habe den katholischen Verfluchungen einen Trumpf entgegenstellen wollen. — Prof. Schaff (welcher annimmt die Frage habe ohne den Passus „und ist also u. s. w." bereits in der ersten, von der „Generalsynode" in Heidelberg genehmigten Ausgabe gestanden, nennt den Fluch einen „eigenmächtigen Zusatz des Kurfürsten der keine synodale Sanction habe und zum friedlichen Ton des Katechismus nicht passe, aber in alle späteren Ausgaben übergegangen und darum (?) beibehalten werden müsse". Wie nun aber wenn die ganze Frage auf Rechnung der kurfürstlichen Eigenmächtigkeit kommt?

Friedrich neigte zur Gewaltthätigkeit. Irrlehrer haben sie fühlen müssen, und in der Neuser'schen und Sylvan'schen Prozeßsache widerstand er sogar den verehrten Juristen „weil er auch den heiligen Geist habe"; sein Verfahren gegen den Bischof von Worms ist eben so wenig frei davon als die Art wie er den Lutheranern der Pfalz begegnete*). Die Rathlosigkeit in welcher er die evangelische Kirche seiner Zeit betraf weil sie theils nicht für nöthig gehalten, theils, mit ihr Nothwehr vollauf beschäftigt, keine Zeit gefunden hatte auch für ihre Verfassung zu sorgen; die Unselbstständigkeit welche sie zwang bei den Fürsten den äußeren Schutz zu suchen dessen sie nicht entbehren konnte; seine Liebe zur Theologie, seine Freude und sein Beruf an der Beschwichtigung der damaligen zerrüttenden theologischen Streitigkeiten thätigen Antheil zu nehmen; sein Bewußtsein daß er nicht sich sondern allein dem Erlöser dienen wollte: das Alles konnte das Vertrauen erhöhn welches er zu sich selbst hatte, und macht es erklärlich wie er dazu kam ohne die Kirche seines Landes

---

*) Vierordt a. a. O. I. 465. — Plitt a. a. O.: „die Einführung des ref. Bekenntnisses in der Pfalz ging keineswegs ohne Härte und Ungerechtigkeit vor sich". — Mit der allgemeinen Einführung des H. Katechismus wurden natürlich der Luther'sche, Brenz'sche (welchen Ott Heinrich 1559 erst eingeführt hatte) und Heshus'sche (Alting l. c. p. 81. c. 42) verdrängt, die Pfarrer welche sich weigerten ihn anzunehmen entlassen. Löscher, historia motuum III. c. 4. 17. S. 235. Supplem. S. 65.

zu fragen ihr Glaubenslehrbuch zu ändern. Leicht verfallen grade die Mächtigen in die Gefahr, der Kirche welche sie lieb haben helfen zu wollen statt sie zu schützen. Der Erfolg seiner That bewies freilich daß die Unmündigkeit seiner Kirche nicht kleiner war als er sie angeschlagen hatte; denn von einem Widerspruch gegen die willkürliche Veränderung ihres Katechismus hören wir nichts. Aber das entschuldigt uns Friedrich nicht. Grade weil er so erleuchtet in vielen Dingen seinen Zeitgenossen voranging, möchten wir er hätte es auch hier gethan. Je hülfloser diese Kirche war desto schonender hätte sie behandelt werden sollen. Glaubte er im Herbst 1562 nicht ohne ihr Mitwissen und ihre Billigung den Katechismus publiciren und einführen zu dürfen; hatte er deshalb eigens den Convent ihrer Lehrer und Vertreter nach Heidelberg berufen: wie konnte er sich bei dieser wichtigen Aenderung der Pflicht für überhoben achten dasselbe zu thun?

Es kommt so dem Katechismus zu gut daß seine 80te Frage „auß befelch Churfürstlicher Gnaden" ist abbiert worden.

VI. Die ersten Gegner des Katechismus.

Die Bewegung welche der Katechismus in den kirchlichen Kreisen seiner Zeit in Deutschland hervorrief, war außerordentlich groß. Er hatte Niemand mit Namen genannt und doch fühlte alle Welt sich getroffen. Die Angriffe auf das unscheinlich kleine Buch welches so unzweideutig und so zuversichtlich zugleich sagte was es wollte, und damit so Vielen in Geist und Fleisch schnitt, ließen nicht lange auf sich warten.

Das fürstliche Publicationspatent, vom 19. Januar 1563 datirt, muß beim Beginn des Druckes schon in der Druckerei vorhanden gewesen sein da es im Katechismus mit den ersten Seitenzahlen desselben (3—11) bezeichnet ist. Die Vollendung der ersten Ausgabe fällt also nicht gleich nach dem 19ten Januar (nicht „in den Januar" noch wie Augusti meint) sondern wenigstens einige Wochen in den Februar hinein. Friedrich wird, nach der Eile mit welcher er die ganze Sache betrieb zu schließen, nicht lange gezögert haben die ersten Exemplare den dabei interessirten Fürsten*) zuzustellen, und werden wir dafür wohl an die zweite Hälfte des Februar 1563 zu denken haben. Auf denselben Termin werden wir auch durch den Brief des — spätern — Kaisers Maximilian II. an Friedrich geführt (Wien, 25. April 1563) in welchem dieser

---

*) An Christoph von Würtemberg schickte er ihn „sich darin zu ersehn". S. Brenz von Hartmann und Jaeger. II. 390.

den Empfang des Buches meldete *); „vor seiner Abreise aus Augsburg", sagt er, habe ihm der pfälzische Rath Wenzel Zuleger**) seines Herren Katechismus übergeben; er ist aber von seiner damaligen Reise über Constanz (Augsburg) nach Inspruck in letzterem Orte noch im Februar 1563 eingetroffen ***).

Als die ersten Gegner meldeten sich nicht die Katholiken sondern die Lutheraner, nicht Gelehrte sondern Fürsten. Maximilian war zur Zeit als neun Zehntel Deuschlands sich zur evangelischen Lehre bekannten, dem Plan die Augsburger Confession zum Reichsgesetz zu erheben nicht fremd geblieben. Aus seiner evangelischen Gesinnung machte er damals so wenig ein Geheimniß, daß er darüber in die heftigste Spannung zu seinem Vater gerieth †). Doch beschäftigte die religiöse Frage ihn, den treuen Erben und Vertreter der Politik seines Hauses, mehr als seine Freunde die kleineren lutherischen Fürsten von Sachsen und Wür-

---

*) Des Kaisers Brief ist nebst dem gleich zu erwähnenben der drei Fürsten aufs neue bei Heppe (Geschichte des deutsch. Protestantismus 1853. II. Anh. 4.), aber nach einem mannigfach fehlerhaften Exemplar mitgetheilt. Der Abdruck beiber Stücke im Anhang dieser Schrift (N. 1 und 2) ist nach gleichzeitigen Copieen des Archivs der evangelischen Gemeinde zu Wesel besorgt.

**) S. über ihn Vierordt, a. a. O. I. S. 461.

***) vgl. Koch, Quellen zur Geschichte Maximilians II. 1857. S. 8.

†) vgl. Maurenbrecher, Kaiser Maximilian II. und die deutsche Reformation; in v. Sybels Zeitschrift, VIII. S. 352.

temberg, von ihrer nationalen Seite. Es war das letzte Jahr seines römischen Königthums in welchem der Heidelberger Katechismus als Landesgesetz der Pfalz erschien. Lange schon hatte Maximilian argwöhnisch das Benehmen Friedrichs beobachtet da er ihm zum „Zwinglianismus" zu neigen schien, und Melanchthon wegen seiner Nachgiebigkeit mit der er seinem alten Heimathland den Paulinischen Spruch als Spendeformel beim h. Abendmahl empfahl, bitter getadelt*). Jedes Weichen von der Augsburger Confession erschien ihm als Angriff auf die Einheit des deutschen Protestantismus, als Mittel zu seiner Zerklüftung, als Gefährdung der Zukunft der deutschen Kirche. Friedrich hatte nichts Eiligeres zu thun gehabt als grade ihm, seinem zukünftigen Kaiser, dem Gesinnungsgenossen den Katechismus zuzustellen. Aber was er davon hoffte erreichte er nicht. Maximilian wurde unmuthig da er die Publication desselben nach seinem Standpunkt nur als den offen proclamirten Abfall eines evangelischen Reichsfürsten und Reichsgebiets von der Augsburger Confession verstehen konnte. Daß der eifrigste Vertreter der schweizerischen Katechismuslehre in der Pfalz der Kurfürst selber sei hatte er aus den Ereignissen schließen können welche seiner Abfassung vorhergegangen waren; und daß der Katechismus ihm gradezu sein Entstehen verdanke war in seiner Vorrede gesagt und gerechtfertigt. Erst 1566, auf dem stürmischen Augsburger Reichstag, redete Friedrich von „seinem"

---

*) Vierordt, I. S. 463.

Katechismus*); Maximilian benannte ihn so schon in der erwähnten Zuschrift welche er an Friedrich aus Wien sandte (25. Mai 1563). Verständiger Weise wehrt er darin jede theologische „Disputation" ab. Friedrich konnte meinen er werde als dereinstiges Haupt der Protestanten ihm antworten; aber Maximilian antwortete als das Haupt des Reiches. Ihn interessirte an dem Vorgehen der Pfalz in erster Linie die kirchenpolitische Seite. Deshalb hebt er hervor daß der Katechismus nicht mit der Augsburger Confession stimme, sich der „Zwinglischen" Meinung zuneige, in seiner Auffassung der h. Taufe und des h. Abendmahls dieser Augsburger Confession wie auch der alten Religion entgegen sei und darum eine Lehre führe „**welche auf den Schutz des Augsburger Religionsfriedens nicht zu rechnen habe**". Damit war die große Gefahr welche der Pfalz drohte, zum ersten Mal und so klar wie möglich bezeichnet**).

Ganz anders ließen sich die benachbarten Fürsten vernehmen welche gleich nach Maximilian an Friedrich sich

---

*) Später pflegte Friedrich ihn durchweg seinen Katechismus zu nennen. Auch das Bekenntniß seines Glaubens was nach seinem Tode veröffentlicht ward sagt „wir .. bekennen vns .. insonderheit zu vnserem ausgegangenen vnd publicirten Catechismo vnd Kirchenordnung, darinnen alle Fragstück Christlicher Lehre deutlich, verstendlich vnd ordentlich begriffen, vnd zum theil weitleufftiger ausgeführet sein". Christl. Confession .. des Fürsten Friderichen .. Jn Druck verfertiget (s. l.) Gedruckt im Jhar 1577. p. 8.

**) vgl. den Brief im Anhang. N. 1.

wandten (4. Mai 1563). Die politische Bedeutung der Augsburger Confession für die evangelischen Reichsstände, für das Reich, kümmert sie nicht zuerst; vielmehr sehen sie in ihrem Aufgeben die wahre Lehre geschädigt, mit dem Zwinglischen und Calvinischen Glauben (welche ihnen gleich und gleich verderblich scheinen) des Katechismus einen verführerischen und verdammlichen Irrthum eingeführt, welcher der h. Schrift, der apostolischen Kirche, der Augsburger Confession und endlich auch dem Religionsfrieden widerstrebe *). Ihr Brief schwillt zum Sündenregister des Kalvinismus, zur theologischen Disputation voll zügelloser Beschuldigungen an, während der römische König wie ein Fürst mit dem Fürsten geredet hatte; sie sprechen von der Bedeutsamkeit der „Einigkeit der Stände in der Lehre" und sind zum Schreiben aus Gewissensnoth „aus Christenpflicht" gezwungen, während dieser die Gefahr der Trennung von der Reichssatzung hervorgehoben hatte und versichern konnte zu seinem Briefe aus lauter freundlicher und gnädiger Gutherzigkeit veranlaßt zu sein. Was ihm Nebensache war, war ihnen Hauptsache; sie handelten um der Theologie, er um der Kirche willen.

Diese Fürsten — Markgraf Karl II. von Baden, Friedrichs Schwager, Christoph Herzog von Würtemberg und Wolfgang Pfalzgraf von Zweibrücken, — abhängig von ihren Theologen, namentlich von Brenz, in welchem die süddeutsche Bewegung für Erhaltung „der rei-

---

*) S. ihr Schreiben im Anhang N. 2.

nen Lehre Augsburgischer Confession" ihr Haupt gefunden, hatten natürlich nicht ohne ihre Berather in dieser wichtigen Sache handeln wollen, sondern die schwäbischen Kirchenlehrer um eine Beurtheilung und Widerlegung des Katechismus angesprochen *). Die Gelehrten konnten zum Frieden mahnen und Streit reizen; noch war die vorliegende Frage neu, noch konnten sie ihr die erste Direction — worauf so viel ankommt — geben. Sie wählten den Streit, weil sie die reformirte Strömung in Deutschland in ihren berechtigten Ursachen und tiefgehenden Wirkungen gar nicht erkannten, weil sie wähnten die Theologen hielten in den schwebenden Zeitfragen noch wie früher das Heft in den Händen obwohl es ihnen längst entwunden war. Daß die Ereignisse in der Pfalz auch ihnen etwas zu sagen hatten ahnten alle Anhänger dieser Parthei nicht. Sie getrösteten sich lieber dessen daß der größte Theil des pfälzischen Volkes den Irrthum der Hofparthei verdamme und seine Urheber verfluche **); waren überzeugt daß zwar Maximilian die Hoffnung der Lutheraner getäuscht und sie daher auf Selbsthülfe angewiesen habe, die aber um so leichter zum gewissen Sieg führen werde als die reformirte Anfechtung auch anderwärts schon abnehme, in Bremen Verwirrung herrsche,

---

*) Wir „haben den Catechismum mit vleis durch etlich gelerte gutherzige lesen lassen .. vnd allerhandt mangell darin gefunden jn Maßen E. L. auß hiebei gelegten verzeichniß selbst vernehmen magh".

**) S. für diese und die folgenden Stellen die Brieffragmente im Anhang N. 4.

und deshalb ein allgemeiner Sturm auf den neuen Kate=
chismus, ein gemeinsames Hervorbrechen der mehr als vierzig
Theologen welche mit Widerlegungen schon gerüstet seien,
ihn vernichten und den Kurfürsten ernüchtern werde. Ja
so sehr verblendete sie die Leidenschaft, daß sie hofften
Friedrich werde zu den religiösen Friedenshandlungen auf
den Reichstagen nicht zugelassen werden, statt es zu
fürchten *).

Daher der Uebermuth mit dem sie in ihrer Kritik den
Katechismus zerzaust haben. Er lehrt nach ihrer Meinung
daß Christus im obersten Himmel spatziere, oder da kniee
und thue sein Gebet für uns zum Vater wie hier auf
Erden ein guter Gesell für den andern bete; er schanzt dahin
daß Leib und Blut Christi aus seinem Abendmahl aus=
gemustert werde; er macht aus jedem gemeinen Wasserbad da
man sich den Kopf mit Seife und den Leib mit Wasser
wäscht eine christliche Taufe, und ist zum Ueberfluß auch
noch ein Bilderstürmer. Spott redet hier statt Liebe,
und der Hohn muß das Verständniß ersetzen. Kein Be=
griff von einer apostolischen Großherzigkeit welche sich freute
wenn nur Christus geprediget wurde „es sei zufallens oder
rechter Weise". Es wundert uns nicht daß die so bera=
thenen Fürsten Friedrich eine Botschaft übersandt haben
welche selbst Gesinnungsgenossen „etwas scharff" erschien.
Sie gelangte bald in die Oeffentlichkeit, und die schon
durch den Katechismus allerwärts heftig erregten Luthera=

---

*) S. das Fragment des vierten Briefs.

ner erwarteten nun um so ungeduldiger daß ihre Schirmherrn, diese Fürsten welchen der Vorrang gebührte, die für sie verfaßte Widerlegung (das „Verzeichniß") drucken ließen und die Flut der dann nachfolgenden Gegenschriften den Friedensstörer wegschwemme.

Wer dies in den Händen der Fürsten befindliche „Verzeichniß" eigentlich verfaßt habe war Geheimniß der Parthei; Einige riethen auf den Kanzler Jacob Andreae in Tübingen, die Eingeweihten nannten Johann Brenz*). Seine Herausgabe durch die Fürsten unterblieb aus uns unbekannten Gründen, und so mußten die Unterthanen auf eigne Hand vorgehn. Flazius Illyricus war der erste auf dem Platze; noch im Jahr 1563 erschien seine „Widerlegung" zu Regensburg**). Tileman Heshusius

---

*) Die weitläufige Explication über die beiden Naturen in Christo welche es enthält scheint auch uns auf den letzteren zu deuten. — Es macht einen eigenthümlichen Eindruck zu bemerken wie Friedrich, nachdem er aus diesem ihm übersandten Gutachten gelernt hatte wie die Lutheraner ihre Lehrsätze auf dies Dogma stützten, nun seinerseits in ganz denselben Fehler verfiel indem er in der, oben bereits angeführten, Stelle seiner Kirchenordnung die Lehre von den zwei Naturen in Christo für das „Fundament unsrer Seligkeit" ausgab.

**) Widerlegung, eines kleinen deutschen, calvinischen Catechismi, so in disem 1563 Jar sampt etlichen andern irrigen Tractetlin ausgangen 2c. M. Fl. Ill. Regenspurg, H. Geißler. — Erst am 10. October 1563 war Flazius ex Grecia nach Regensburg zurückgekehrt (s. d. Brieffragm. im Anhang). Das treffliche Buch von Preger (M. Flaz. Illyricus und seine Zeit. Erlangen 1859) ist an betr. Stelle (II, 280) auf diesen

vollendete am 26. Februar 1564 in seiner Vaterstadt Wesel die „Treue Warnung" *). Brenz und Andreae traten ebenfalls um diese Zeit in eigenen Schriften gegen den Katechismus auf; die Namen einiger anderer Gegner sind durch Ursinus Beantwortungen auf uns gekommen **).

Auf die Zuschrift der drei Fürsten antwortete Friedrich (14. Sept. 1563) in einer ausführlichen Vertheibigung ***). Jenes mitübersandte „Verzeichniß" der Irrthümer des Katechismus hatte er, ohne zu sagen woher es ihm zugekommen, nicht „denjenigen Theologen welche den Catechismum verfaßt" sondern anderen gelehrten Leuten zugeschickt und ihr Urtheil darüber begehrt und empfangen welches er seinem Briefe beilegte †).

Streit des Flazius nicht eingegangen. Stellen seiner Widerlegung theilt Sudhoff mit (Olevian und Ursin S. 147).

*) Trewe Warnung für den Heydelbergischen Calvinischen Catechißmum, sampt widerlegung etlicher irthumen deßelben. D. Tilemannus Heßhusius exul Christi. 1564. — Einen Auszug der Schrift hat Sudhoff (a. a. O. von S. 142 an) gegeben und damit zugleich zwei Monographien über Heshusius (Wilkens, T. H., Leipzig 1860; und Helmolt, T. H., Leipzig 1859) ergänzt. Die früheren Beziehungen des „Streittheologen" zu Heidelberg s. bei Hautz, Gesch. der Universität H. Mannheim 1863.

**) Die ausführliche Arbeit über Brenz von Hartmann und Jaeger läßt uns über sein Verhältniß zum Katechismus im Dunkeln.

***) Abgedruckt bei Heppe a. a. O. Anh. S. 12.

†) Es ist nie gedruckt worden. Augusti (S. 120) sagt

Daß das lutherische „Verzeichniß" bisher unbekannt geblieben, haben wir aus allgemeineren Interessen nicht zu beklagen; bieten doch die vielen erhaltenen Streitschriften jener Zeit schon überreichen Stoff um uns darüber zu belehren wie maaßlos die Partheien in diesem Bruderkrieg sich mißverstanden, wie sündlich sie sich verfolgten. Für unsre speziellen Fragen aber erschien seine Veröffentlichung wünschenswerth und wichtig *). Denn abgesehen davon, daß es als erster gelehrter Angriff auf den Katechismus schon ein besonderes Interesse erweckt, und die Heftigkeit wie die Anlage der nachfolgenden (es war ja den Partheihäuptern gleich zu Anfang bekannt) erklärt **): so würde es, auch wenn nie wieder ein Exemplar des Katechismus aufgefunden wäre, beweisen, daß der oft für die erste gehaltenen, von uns mit II bezeichneten Ausgabe des Jahres 1563 eine frühere vorhergegangen ist; ja selbst auf die

---

Friedrich habe das schwäbische Verzeichniß am 16. Juni 1563 an Bullinger in Zürich gesandt, dieser habe die Beantwortung gemacht und sei so der erste Apologet des Katechismus geworden. Diese, durch des Fürsten eben angeführte eigenen Worte glaublich gemachte Notiz ist von dem neuesten Bearbeiter Bullingers (s. H. Bullinger von Pestalozzi. 1858. S. 415), welcher nur eine spätere allgemeinere Anfrage Friedrichs an ihn (12. Dezbr. 1565) kennt, nicht berührt worden.

*) S. den Anhang N. 3.
**) Die Censura der schwäbischen Theologen (s. o. S. 99) schließt sich genau an dasselbe an indem es namentlich die Bibelcitate in Anspruch nimmt.

Gestalt und den Inhalt dieser früheren Ausgabe würde es Schlüsse ermöglichen. Weil es nämlich die bestrittenen Stellen des Katechismus nach Seitenzahlen citirt (die Zählung der Fragen ist später eingeführt) und z. B. die Fragen „warumb wirst du ein Christ genent? warumb hat Christus unter dem Richter Pontio Pilato gelitten?" an Stellen gelesen hat wo sie in der II. Ausgabe nicht stehen*), so folgt, daß eine frühere Ausgabe des Katechismus als diese sich (schon vor dem 4. Mai 1563) in den Händen seiner ersten Beurtheiler befunden hat. Und daß die 80te Frage in derselben nicht vorhanden gewesen, würde, wie schon bemerkt, deßhalb geschlossen werden müssen, weil die schwäbischen Kritiker die Worte vom wahren Leib Christi im Himmel schwerlich unangefochten hätten durchgehn lassen.

Es bedarf zum Schluß nur noch der Angabe, daß die Citate des „Verzeichnisses" durchweg auf den zu Anfang dieses Schriftchens mitgetheilten Katechismustext passen, und somit auch, wenn es anders nach dem bisher Verhandelten noch zweifelhaft sein könnte, beweisen, daß wir in ihm die erste, von der Pfälzer evangelischen Kirche genehmigte, noch nicht willkürlich geänderte Ausgabe des Heidelberger Katechismus vor uns haben.

---

*) Auf S. 28, 29 und 29, 30; II hat sie S. 29, 30 und 32.

VII. Anhang von Urkunden.

1. **Schreiben des römischen Königs Maximilian an Friedrich von der Pfalz.**

Ahn Pfalzischenn Churfürsten Friederich.

Hochgeborner lieber oheim vnnd Churfürst. Als vnnß dein L. fur vnnseren jungsten verrudhen von Augsburgh durch deiner L. raht Licentiat Zuleger deroselben, beiner L., catechismum vberreichenn laßenn, vnd darneben von vnns begert Sy zuverstenndigen wie vns derselbiger gefalle; vnnd wir aber dazumhall dennselbigen allein obiter vbersehenn, jedoch folgents nach vnnserer hieherkumpft dennselbigen dieser tag als zwar an jm selbst ein nutzlich guett werd etwas mherers durchlauffen; so khonnten wir darauf auß sunder fruntlicher vnd gnebiger zuneigongh die wir zu deiner L. bestendiglich haben vnd behalten, auch der christlichen gepur nach, nicht vmbgehen, beiner L. vertreutlich hiemit anzuzeigen, das vns gutdunden will bijenigen, so bemelten catechismum zusammengetragen, haben sich bei ethligen hauptpuncten vnsers christligen glaubens zimbliger maßen verdechtlich vnd bloß gemacht, als wolten sy nicht durchauß mitt der augßpurgischer confession vbereinstimen sondern der Zwinglischen opinion zu vill nachhenngen, beuorab in articuln der heiligen tauffen vnd ban furter sonnderling von dem heiligen abentmall vnsers herrn vnnd heilanbts Jesu Christi, auch zum theill sein hochgelobte herliche Himmelfahrt betreffennbt; ohn noth baher in specie anzuzeigenn wie vnb was gestalt diese erzelte puncten angereichter augspurscher confession so woll auch der alten religion entgegen; dann wir gar nicht gemeinbtt vnnß beßorts mit deiner L. in disputation zubegeben; also woltenn wir auch furwar auß den obgemelten sonnderlingen freunbtlichen vnb gnebigen willen nicht gunnen das Sy dahin bestrittenn werben solle als hetten Sy vnuerhindert des religionsfriebenn sich einer solcher meinongh anhengig gemacht, die durch dieselb gemeinn Reichs satzongh aufgesetzt vnnb die ba zum theill auch in etlichen puncten also scheinenn bas sie etwas frembt vnnd zuuor (vnsers wißens) bei theiner religion also herkommen, neuweronngh auff ihr trägt. Derowegen vnnb bweill vns deiner L. sunnst gar eifferig vnd gubt gemuth notturffliglichen bekannt ist, so wollen wir auch christlicher wollmeinongh wie oblaut bein L. hiemitt auß lauter freunbtlicher vnb gnediger gubtherzigkheit erjnnern vnb verwarnen, bas Sy ben compilatoribus viell anngebeutes catechismi sich in biesem hochwichtigenn werd, barunnter der seelen heil so größlich mit begriffenn, beuorab auff die abgesonnberte weise, nicht so gar allerbings in eine solche weitschweiffigkheit abführen lassen woltenn, vnb barneben von vnnß die gannz herzige vermanongh theiner anderer gestalt als fur ein gewiß eröffnonngh vnsers zu deiner L. tragennben christlichen gannz freunbtlichen willens versehenn vnb annhemenn. vns auch sunnsten ju alle annbern wege deiner

L. vnnd den Ihren mit freunndtschafft vnnd gnaden vor-
der verwantt wißenn soll. Datum Wien den 25. Aprilis
anno 63.   Maximilian.

2. Schreiben drei er Fürsten an denselbigen.

An pfalzgraue Frederichen Churfursten.

Vnsern freundtlichen dinst auch was wir liebs vnd
gutts vermoegen alle zeit zuuor,

hochgeborner furst, fruntlicher lieber vetter, schwager,
bruder vnd gevatter.

Wie woll wir E. L. auß sunderlicher hertzlicher freundtlicher vnd bruderlicher neigung, so wir zu derselbigen tragen, mit diesem vnserm schreiben scheir verschonen wolten,
vnd vill williger gesinnet E. L. aller muhe zu entladen
helffen dan mit vnserm ansuchen etwas verdreißlich zu sein;
jedoch haben wir in dieser zeitt auß christlichenn nottwen-
digen vrsachen nit vmbgehen koennen E. L. vnser freundtliche schwegerliche vnd bruderliche wollmeinung anzuzeigen
vnd vorzuhalten. dan wir vns woll zu erinnern wißen,
bedencken auch mit sondern freuwden, das E. L. vnd
wir, nitt allein mit naher blutsverwandtniß, auch dazu
gutter vnd nhunmher langwiriger kundschafft freundtlicher
schwager- vnd bruderschafft, sonder auch mit christlicher vereinigung in der rechten waren religion durch die gnade
des Almechtigen verwanth sindt, darauß wir billich desto
mehr bewegt worden was E. L. zu irer zeitlichen vnd
ewigen wolfart dienstlich zu suchen vnd zu furdern, daran
auch wir an vnserm moeglichen fleiß vermittelst gottlicher gna-

den nichts erwinden lassen wollen. darumb verhoffen wir E. L. werden diß vnser schriben nit anderst dan christlich, freundt=lich, schwegerlich vnd bruderlich (wie wir selbst auch nicht anders meinen) auffnemen. vnd hatt die sachen folgende gestalt.

Wie woll E. L. sich biß anher vnserer christlichen augs=purgischen confession mit bekanntniß vnd vnterschribung dieser gestalt angenomen, das menniglich an solcher christ=lichen vnd hochloblichen einigkeitt hertzliche grosse freuwd empfangen, iedoch ist von wegen etlicher schrifften, so in E. L. stadt vnd schull zu heidelbergk aufgangen, auch et=licherr enderung in E. L. kirchengebrauchen fürgenommen, eyn gemein geschrey aufgangen, das E. L. der Zwinglischen oder Caluinischen opinion von dem abentmall vnsers herren Christi beyfellig vnd anhengig seien, wie dan wir einß=theils derwegen mit E. L. schrifftlichen vnd auch mundtlich treuwhertziger wolmeinung mehrmall conuersiret.

Nichts desto weniger seindt wir allwegen gutter hoff=nung gewesenn es solte solchs geschrey one grundt der wairheitt aufgebreitet worden sein, haben auch E. L. bey vns selbst vnd andern vnsers fleiß fruntlich schwegerlich vnd brue=derlich entschuldigt, dessen auch wir so vill desto mehr vr=sachen gehabt, dieweill wir vns fruntlich vnd bruderlich zu erjnnern gewußt, mitt was gottseligem vnd christlichem eiuer E. L. die geliebte einigkeitt in der kirchen Gottes vnd vnter den waren erkennern vnd bekennern seines gott=lichen vnd allein seligmachenden worts den stenden der augspurgischen confession die zeitt vnser fruntlichen vnd bruderlichen bekandtniß nicht allein auff allen gehaltenen

reichs= sondern auch abgesunderten versammlungstagen ge=
furdert, getrieben vnd E. L. vor allen andern gelieben laßen.

Dan E. L. wissen, mit was standthafftigkeitt, auch nach
dem leidigen kriege, die stende der augspurgischen confession
auff den gehaltenen reichstagen für einenn man der kay^n
vnd könig^n May^t auch andern stenden der bepstischen reli=
gion gestanden, mit was einhelligem gemueth vnd hertzen
denselbigen vnser christliche confession zu verteibingen alweg
vnd oeffentlichen angeboten worden.

Zudem mit was ernst, fleys vnd eyffer von E. L.
vorfaren die Churfursten Pfaltzgrauen seliger gedechtniß,
desgleichen auch andere Churforsten vnde stende vnser wa=
ren vnd christlichen confession, vnd sunderlich auch E.
L. selber ehe vnd dieselbigen zu der Churforsten dignitett
kommen, die spaltung vnter den kirchendienern zuvor kom=
menn vnd abzuwenden begirig vnd geneigt gewesen, jn
massen solches neben anderen außer dem zu Franckfurt
anno 57 von E. L. selbst mit eignerr handt vnterschrie=
ben, desgleichen folgendes anno 58 auch zu Franckfurt er=
halten vnd dan zu Naumburgk weitter verglichen, vnd ein=
hellich beschlossen vnd versecretirten, abscheiden abzunennen
vnd vnuonnotten solches weittleuffig alhie aufzufurhen vnd
zu erholenn.

Hier zwischen aber wirdt das gemein geschrey ie lenger
ie grosser, vnd befindet sich mit vnser hoehestenn betrubniß
im werck, wie wir dan desselbigen mit bestenbigen grundt
berichtet, das die angregte Zwinglische vnd Caluinische
lehr von dem nachtmall Christi in E. L. schull cathedram

vnd in der kirchen den predigstuhl jnnehelt, vnd die anderen, so rechte christliche lehr der augspurgischen Confession vom gemelten Articul bekennenn, abgeschaft werden.

Also das auch zu Heidelbergh Zwinglische vnd Caluinische bucher so in substantia vnd im grundt, furnemlich im nachtmall Christi miteinander einhellig, hievon vertirt, geschriebenn vnd getruckt, desgleichen die forma vnd ceremoniae jn der dispensation des heiligen abentmals so zuuor im Churfurstenthumb gebruchlich gewesen in die Zwinglische vnd Caluinische weise geendert.

Vber das alles ist neuwlicher zeit ein Catechismus mit C. L. praefation auß heidelbergk an tag geben, darjn die vorbemelte Zwinglische vnd Caluinische opinion von dem abentmall Christi, auch etliche andere bedendliche artickel vnuerborgentlich eingeleibet sindt, welchen Catechismum wir mit vleis durch etlich gelerte gutherzige haben lesen lassen, auch vor vns selbst gelesen, vnd allerhandt mangell darjn gefunden, jn massen C. L. auß hiebeigelegten verzeichnis selbst vernemen magh.

Nun erkennen wir auß gnediger verleihung gottes das der Zwinglianismus vnd der Caluinismus im artickel vom abentmall Christi ein verfurischer vnd verdampter irthumb sei, als der der heiligen gottlichen schrifft, der rechten apostolischen kirchen, auch dem rechten christlichen verstandt der augspurgischen Confession, vnd also auch dem gemeinen aufgerichten vnd verteibigtenn religionsfrieden oeffentlich widderstrebe.

Dan da wir die helle vnuerdunckelte Wort des herrn

Christi im abentmall (das ist mein leib, das ist mein bluth ꝛc.) mit christlichem ernst bedencken, auch vns seiner gottlichen allmechtigkeit vnd warheitt erjnnern, so konnen wir nicht hinumb, sondern sollen vnd mussen glauben vnd bekennen, das vnser herr Christus, warer Gott vnd mensch, nicht allein in dem obersten himmell sitze oder gehe, sondern sey auch jn seinem abentmall warhafftich vnd wesentlich gegenwertig vnd werde vns sein leib vnd bluth durch brott vnd wein aufgetheilett.

Vnd lassen vns nicht jrren was menschliche vernunfft hie wider auß jrer philosophia auffbringen mach, sondern bedencken, was der ewige vnd almechtige son Gottes rede das wolle er vnd vermöge er auch zu halten.

Wiewoll auch etliche der alten kirchenscribenten brott vnd wein jm Abentmall Christi ein sacrament (heiligs zeichen) nennen: jedoch so wollen sie hiemit nitt verleugnen das der leib vnd blutt Christi gegenwertig seindt vnd aufgetheilt werden, wie sie solches mit andern jren sprüchen, so im fall der nott nach der lenge erzelt werden mochten, bezeugen.

Neben diesem so steckt jm Zwinglianismo vnd Caluinismo nicht allein der irthumb vom abentmall Christi; sondern da demselben einmall raum gegeben, so pflegen sie andere vnd nicht weniger scheblich Jrthumb einzufuhren, als nemlich da sie schriben vnd lehren:

Christus seye woll nach seiner gottlicheitt vnd menscheitt an einem raumlichen ort des himmels, aber die gottheitt sey allein auff erden, vnd der minscheit Christi auch durch die almechtigkeit Gottes nit moglich das sie zumall jm himmel vnd auff erden, da man das Abentmall haltett, gegenwertig seye. vnd wiewoll solche scribenten mit wortten leugnen sie trennen die person Christi nicht, so ists doch bey allen recht christlichen verstendigen leuten gewiß, da man die personliche vereinigung gottes vnd des minschen in Christo bedencken will, das durch der Zwinglischen lehr die person getrennet werde.

Item das Christus nach der minscheit nicht almechtig seie.

Item das Christus kein rechter mensche seie wan er nicht an einen ort raumlicher weise begriffen werde.

Item das Christus in seiner maiestatt raumlicher weise im himel sitze stehe oder gehe.

Item das der erste mensch gesundigt habe, nicht allein auß verhengniß vnd fursehung, sondern auch durch den willen vnd ordnung Gottes, das der minsch nottwendig habe mussen sundigen. da nun disem also were so muste folgen das zween widerwerbige willen in Gott weren, das er eyn anders wolle vnd ein anders gebiete.

Item das der erste mensch keinen freien willen habe gehabt.

Item das Gott ein theter vnd ein stiffter sey nicht allein der sunden so Adam begangen, sondern auch aller sunden in den nachkomlingen, dieweill Adams sunde ein vrsprungh ist aller anderer sundenn.

Item sie verkeren den spruch Pauli, sagen das gott nicht wolle das alle menschen selig werden, sondern nur auß allen stenden etliche, so doch der apostell Paulus aus: trucklich spricht: Gott wolle das alle menschen selig werden, vnd Petrus spricht Gott will nicht das iemandt verderbe, sondern zur buß bekert werde. also lehren sie dan das die verheisung des Evangelii nicht allenn menschen angebotten werde.

Item sie schreiben das kein ehebruch, diebstahl, doetslach begangen werde da Gottes wille nicht auch dazu kome, vnd das die gottlosen verderben nicht allein durch verhengniß sondern auch durch den willen Gottes, vnd durch solchen willen den sie nicht vermeiden konnen sondern mussen nottwendigh verderben.

Item das die verkeirten durch Gottes willen mussen sundigen.

Item sie lehren das es vnrecht seie die lehr von der erwelung Gottes an den glauben des evangelii zu binden.

Zudem ist der Zwinglianismus vnd Caluinismus (wie exempell erweisen) ein spiritus seditiosus, vnd wo er einbricht die oberhandt auch vber den magistratt haben will, darauß dan der ordentlichen oberkeit nicht allein von der frembden sondern auch von irer selbst vnterthanen der vnfriede zu besorgen ist.

Nachdem nun die sach mit dem Zwinglianismo vnd Caluinismo ein gestalt hatt in massen vermeldt, ja vill erger ist den wir itz mitt wortten erzelen koenen, so bitten wir E. L. gantz freundtlich, schwegerlich vnd bruderlich, sie wollen sich hirinnen von dem gottlichen wortt, von der rechten waren apostolischen kirchen vnd den christlichenn stenden augspurgischer confession nit absondern, sondern zu hertzen fuhren in was zeitliche vnd ewige gefahr E. L.

sich selbs, dero freundtliche libe gemahl vnd erben, ire kirchen, landt vnd leute bringen mochte.

Dan, das der Almechtige gnedig verhueten wolle, da E. L. mit der oftgemelten, in der heiligen schrifft vnd auff vielen richstagen verdampten vnd verworffenen opinion fortzufahren gedechte, so mussen wir es dahin verstehenn, das eine irrige ergerliche opinion E. L. vill annemlicher were dan das helle klare goetliche wort vnsers einigenn heilandes Jesu Christi, E. L. ewig heill, die christliche einigkeit der stende augspurgischer confession, E. L. freundtlich gemahl vnd kinder wollfart, anderer Chur- vnd Fursten freuntschafft schwagerschafft vnd bruderschafft, auch E. L. kirchen vnd vnterthanen segen vnd gedeihen.

Euwre liebde wollen darneben auch woll vnd mit ernst bedenken, nachdem sie sich der christlichen vnd augspurgischen Confession so offt, auch itzt neuwlich zu Frankfurt auff den waltag, in vbergebung Roemischen keyn Mayestatt vnser allergnedigsten herrn der Recusationschrifft, sich derselben confession Apologia zugethan approbirt vnd beyfellig gemacht, wie schumpflich vnd ergerlich es vor menniglich hohes vnd niedrigs standes leuten were das sie ein anders mit dem mundt vnd federn, vnd ein anders mitt der that vnd werk furgeben; wie gefehrlich es auch Euwr Lieb sey, dieweill bis anher bey den christlichen stenden der augspurgischen confession eine zimliche einigkeitt in der lehr, beuorab des offtbemelten artikels halben von dem abentmal Christi, durch Gottes gnade gewesen, vnd da schon etliche misverstandt in andern artikeln eingefallen leichlich mit gottes wort verglichen werden mechten, das E. L., welche der Almechtige mit der churfurstlichen dignittet vnd hoheit auß sonderlichen gnaden begabett, der e r s t e sein wolle der vnter den stenden augspurgischer confession ein aufbruch machte vnd eyn wuest vnwederbringliche zerruttung anrichten thete.

Da aber E. L. je vermeinet das obuermelter catechismus, auch alle erzelte Zwinglische vnd Caluinische handtlunge, sein vermoege prophetischer vnd apostolischer schrifft gestellet vnd vorgenomen, so ist vns nicht allein nicht zuwieder, sondern auch vnser freundtliche vnd bruderliche bitte, zwei=feln auch nicht das es E. L. gantz woll gefallen werde, das E. L. vnd wir, zu E. L. gelegener zeit vnd platz, in der person zusammen kommen, auch E. L. drei Theologen vnd vnser ieglichen einen Theologen, in vnser aller beysinn nidergesetzt, vnd von denn streittigen artikeln vermog der heiligen gottlichen schrifft freundtlich vnd christlich conuersirt hetten, verhoffende der Almechtige werde seine gotliche gnade verleihen das dardurch die warheit erklert vnd erkent werde. Zudem das in solcher freundtlicher conuersation ob=angeregter irthumb vnd was weiter in der kirchen Gottes darauß erfolgen magh außgefurt werden mochte.

Nicht weniger bitten wir gantz freundtlich vnd bruder=lich diese erinnerungh nicht einiger vergebener vorsorge, sondern allein auß notturftiger freundtschafft vnd christlichen beruff von vnns beschehen, dan wir ja gerne wolten das E. L. bey rechter christlicher einigkeit verharten vnd keine trennung zwischen den stenden augspurgischer confession erregten.

Was auch sonsten wir zu erhaltungh alles gottlichen

friedens vnd E. L. wollfart verhelffen konnten, das sol an vns durch Gottes gnade nit erwinden, E. L. hiemit in den schutz des Almechtigen befehlend. Datum den 4 tagh May. Anno domini 1563.

Wolffgang pfaltzgraue manu propria subscripsit.
Christoff hertzogh zu wirtenberg subscripsit.
Carolus Margraue subscripsit.

3. Anlage zu diesem Schreiben: „Verzeichnis der Mängel" des Katechismus und Wiberlegung des „Büchleins vom Brotbrechen."

Anno 1563 ist zu heidelbergk in truck aufgangenn ein teutscher Catechismus, mit vorrede des durchleuchtigstenn vnd hochgebornen Fursten vnd herrn Freidrichen pfaltzgrauen, vnd beuolhen mit ernst denselben bey pfältzischen kirchen vnd schulen anzurichten vnd jm werk hinfurt vnnachlesig zu erhalten. vnd wie dieser an im selbst groß vnd weitleuffig, also helt er in sich vill heilsamer nutzer lehr daran niemand der der warheit nachfragt etwas zu straffenn.

Nachdem vnd aber in einem Catechismo die nottwendige vnd vorneme stucke christlicher lehr nitt allein einfaltig vnd deutlich vortragen sollen werden, angeende vnd vnuerstendige iugend mit richtiger vnterweisung in die erkentniß gottes vnd seines wortz einzufuren, sondern auch was gelehrt vnd vorgeschrieben rein vnd gesundt sein soll, auch heiliger gottlicher schrifft gemeß, so soll demnach lehre vnd wort auff eine goltwage gelegt vnd erwogen, damit nichts irrig zweifelhaftig oder vnuerstendig geredt oder gelert, das zu weiterer verfuerungh vnd falschen glauben, auch trennungh zwischen den stenden Augspurgischer Confession verwanten, vrsach vnd anlaß geben mochte.

Wo dan angeregter Catechismus one alle affection besichtigett vnd iudicirt nach gottlicher geschrifft werden soll ... *), sondern auch beschwerlige stucke vnd lehr, die man keineswegs in die kirche einfuren, noch vil weniger darjn außzubreitten vnd zu dulden sein.

Vornemlich aber ist alle arbeitt dahin gericht, das also bei iungen vnd alten der zwinglische irthumb von dem Nachtmall des Herrn auffgerichtett, vnd daiegen Christliche lehr vnd bekandtniß von demselben vermoeg biblischer geschrifft vnd Augspurgischer Confession, so biß anher an diesen orten vnd kirchen getriben, allerding erleschen vnd vntergehen mussen, wie dan zu vnsern zeitten in landen vnd stetten da christliche Reformation furgenomen auff gemelte Augspurgische Confession alle sachen bedacht, vnd vor ein symbolum, dabey christliche kirchen erkandt, als bei den Alten wider die arrianische Ketzerei das Nicenum ist gewesen, gehalten, welcher doch in diesem Catechismo mit wenigsten wortten nit gedacht wurdt. vnd damit mit guttem grunde vnd gewissen anzeigen verstanden werde was

---

*) Hier fehlt offenbar ein Stück des Satzes. — Die ungleichmäßige Schreibart des ganzen Actenstücks erklärt sich daraus daß die von mir benutzte gleichzeitige Abschrift von zwei verschiedenen Händen (die eine ist die v. Berts; f. u.) angefertigt ist.

irthumb vnd mangell darjnne seyn, so ist eben die ordnung mit dieser erklerung gehalten wie das im Catechismo wurdt außgefurt vnd ein artikel nach dem andern vertragen.

Wir wollen nicht hoch anzeihen was in der praefation vermeldet von weilands hochloblicher vnd seliger gedechtniß Pfaltzgrauen vnd Churforsten bein Rein Otto henrichen hertzogen 2c., das christliche lehr vnd gemachte ordnungh nutzlich gehalten, auch dieselbige verbesserung erfordert habe, die, alß das werk im augenschein bezeugt, nichts anders ist dan eine enderung vnd abschaffung wollgesetzter nutzlicher ding vnd lehrstuck vermog derselben christlicher vnd jn druck aufgangener Ordenung vnd alles bazumall einuerleip, wie dan darinnen zu sehen ist.

Sed ad propositum.

Pag. 28 vnd 29 da gefragt Warumb wirtsdu ein Christ genent, darauff wirdt allein vom glauben vnd nicht von der tauffe geantwortett, so doch der herr Christus selbst, da er seinen Catechismum befihlet vnd lehret woher man ein Christ sei vnd selig werde, nicht allein den glauben vermeldett sondern auch die tauffe hinzusetzet. Wer da glaubt, spricht er, vnd getaufft wirdt, der wirt selig. darumb solt in diesem Catechismo die tauffe neben den glauben gedacht sein worden. so ist es auch nicht eigentlich geredt das wir Christen genent werden von des glaubens wegen der da vnsichtbar ist, dan vill haben diesen namen so nicht an Christum glauben; vnd gesetze es belere ich ein Jude oder ein Turk vnd glaube an Jesum Christum, preise auch den Namen Christi, so wirt er dennoch kein

Chrift genant er laffe sich dan auff den namen Chrifti teuffen. kurtzlich diese frag vnd antwort moechte man woll fur sich selbst passiren lassen, aber dieweill hernach ein sunderliches Tractatt von der Tauffe im Catechismo folget, vnd dahin sihet das die Tauffe nicht sey ein Sacrament oder gottlich mittell vnd werchzeug, dardurch der heilige geist gemeiner ordnungh nach seine wirkungh habe, sondern sei allein zum theill ein eusserliche bedeutung zum theill ein bundtzeichen, wie an seinem ort wills gott soll angezeigt werden, darumb kan man lichtlich abnemen das dieser Catechismus Zwingliano dogmati gemeß seic.

Pag. 31. auff die frage warumb Christus vnter dem Richter Pontio Pilato gelitten hab, wirt geantworttett auf das er vnschuldig vnter dem weltlichen richteren verdampt wurde. das lautet gantz vngereumt, denn Gott, der die Gute vnd gerechtigkeit selbst ist, je keinen vnschuldigen einem ordentlichen richter dieser vrsachen halben vnterwirfft das derselbig, vnd vnbillich, verdampt werde. es mochte sich sonst der Richter seines vnbillichen vrtheils entschuldigen vnd sagenn Gott hatt mir den vnschuldigen man auß dieser vrsachen ergeben das ich im solle ein vnrecht vrtheill sprechen ꝛc.; sondern, nach dem man die zeitt der trefflicher geschicht bey dem Namen caesarum regum aut praesidum provinciarum vermerkt so gedenkt man des Pontii Pilati in diesem artickel, das hiemit die gewisse zeitt zu welcherr Christus gelitten hatt bezeichnett werde, wie Paulus Timotth. 6. außdrucklich sagt vnd zu verstehen gibet. vnd wiewoll es war ist das Christus vns von dem strengen vrtheil Gottes das vber vns gehen solte erledigt hatt, jedoch so hatt Gott seinen Christum nicht deshalben Pontio Pilato vnterwerfflich gemacht das Pilatus solte vnrecht thun, in ansehung das es gottes ernstlicher wille meinung befehl vnd gebott ist das kein Richter den vnschuldigen verdammen soll, hat auch von solcher, der Oberkeit vnd richter, sunde wegen landt vnd leute zerstören lassen. darumb het man in diesem Catechismo gedachte vrsachen woll vnterlassen mögen.

Pag. 35. Von der himmelfart Christi. da will der Catechismus den weg bereiten das der warhafftige leib Christi vnd sein blutt nit seind gegenwertig im Nachtmal, sondern sei oben im himmel. denn anfangs gibt der Catechismus vor Christus sei in seiner Himmelfahrt von der erden auffgehoben, vnd sei daselbst vns zu gutt ꝛc. das ist nu nicht vbel geredt wenn der verstand auch Christlich were, nemlich das der herr Christus nach seiner himmelfarth sei numehr vns zu gutt nicht erdischer weltlicher weise auff erden, sondern habe ein himlisch wesen dieser gestalt an sich genomen das er vber alle himel gefaren, auff das er alles im himel vnd auf erden erfulle, gegenwertig regiere vnd erhalte, biß er sich wieder am jungsten tage offenbar sichtbarlich in dieser welt mache wie er gen himel gefaren ist sichtbarlich, das were ein Christlicher verstandt. aber dieser Catechismus verstehet es auff zwinglische weise wie er sich gleich hernach oeffentlich erklert. dan balt darauff wirdt gefragt Ist dan Christus mit bey uns biß zum ende der welt? vnd also geantwortet: Nach seiner menschlichen nathur ist er itzt nicht auff erden sondern nach seiner gottheit, majestett, gnade und geist ꝛc. diese wort zeigen an das der Catechismus also von Christo helt, gleich wie die Sonne leiblich im himel sey vnd luchte mit ihrem schein auff die erden also sey Christus mit seinem leib vnd bluth im obersten himel an einem reumlichen ort, könte auch sein leib nicht anders benn reumlicher weise an einem ort sein, vnd sey allein mit seiner gottheit auff erden. Hierauß ist kundtbar das dieser Catechismus imaginiert vnd gedenket von Gott als einem Dinge das sich weitt und breitt außstrecke, vnd habe allein an einem ort im himel die menscheit bey ir aber an allen anderen orten sei sie von der Minscheit abgesundert. das heist doch grob vnd gantz fleischlich von Gott getreumett, jn ansehung das Gott in seinem wesen kein außgebreitett vnd außgedehnet bing ist, sondern ist das allereinfeltigste, vnd wo er ist da ist er gantz vnd vnzertheilt, hat auch so genauwe die Menscheit an sich in Christo gezogen, das kein ort weder im himel noch auff erden jn von seiner angenomen Minscheit scheiben kan. vnd gleich wie die Gottheit an ir selbst nicht wirbt an alle ort außgedehnett, also wirbt auch die menscheitt Christi, so von der Gottheit in eine person angenomen ist, nicht in alle ort außgestreckt, vnd seindt doch diese zwoe naturen ober substantz, nemlich die Gottheit vnd Minscheit, niemermehr an keinem ort von einander zertrent. Jn massen dieser Catechismus der itzt allein die Gottheit auff erden

4

behaltet, vorgibt, das auch balbt barauff gesatzt wirbt, er weiche niemermehr von vns nach seiner Gottheit vnd Majestett ꝛc. lest sich ansehen als ob dieser Catechismus nicht verstehe ober gloube was die Gottheit vnd Maiestät Christi sei. den wiewoll die Minscheitt Christi vor sich selbst bebacht wirbt, das sie von der Gottheit ist in eine vnzertrente person angenomen, gleichwoll wirt die Gottheitt (so ba ist irem wesen nach ein ewiges geistligs ding) nicht in die Menscheit (so da ist ein erschaffen ding vnb bestehet aus leib vnd selh, blutt vnd fleisch) verwanbelt, iedoch so wirbt die Menscheitt Christi von der vnzertrenen vereinigung wegen mit aller Maiestett gottes begabt vnb gezieret, wie Christus sagt mir ist allen gewalt im himel vnb auff erben vbergeben. nu meinet Christus hie nicht nach seiner gottheit, so von ewigkeit alle gewalt gehabt, sondern das. seiner Menscheitt alle gewalt vbergeben sei. hierauff, nachbem alle gewalt im himel vnb auff erben nichts anbers is denn Almechtigkeitt, vnb aber die Menscheitt Christi gezieret ist mit der Almechtigkeit gottes vnb also almechtig worbenn, auch die Almechtigkeitt goetliche Maiestett ist, so muß gewißlich folgen, wan Christus bey vns auff erben nach seiner gottlichen Maiestett ist, so ist er auch darauff, mitt seiner Menscheitt der almechtigkeitt vbergeben ist. wie auch Paulus sagt Coloss. 2. in Christo wontt die fulle der gottheit leibhafftig, das ist, diesem Menschen Christo ist von wegen der personlichen vereinigung in Gott vbergebenn alle gottliche Maiestett, vnb basselbige nicht studweis sonbern alles voltommentlich. Nu gehört der göttlichen Maiestett zu das sy nicht allein im himel sondern auch auff erden sey, darumb dan Christus in seiner Menscheitt mit aller goetlichenn Maiestett voltomentlich begabett ist, so muß auch dieselbige Menscheitt bey vns auff erdenn (wiewoll nit jrbischer fleischlicher vnd weltlicher weise sondern himlischer vnd aller creaturen vnaufsprechlicher weise) sein. solche wort des Catechismi sindt heiliger goetlicher schrifft vngemeß, dieweill er Christum auff erden sein lest nach seiner göttlichen Maiestett, will aber jn nach seiner menschlichen nathur oder substantz, der doch die goetliche Maiestett vbergeben vnd von jr weder im himel noch auff erden abgesondert werden mag, nitt auff erden wesentlich sein lassen, vnd also heimlich dahin schantzett das auch der leib vnd bluth Christi nicht im abentmall wesentlich iegenwertig sein konnte. das auch dieser Catechismus vermeint die person Christi werde mit nichten getrent obwoll die menscheitt nicht vberall ist wo die gottheit ist, darjn wirb der Zwinglianismus austrucklich gespuret. denn er imaginirt abermals als ob die gottheit were ein außgestreckt vnd weittaußgebreitett ding, so sie doch ist wie res simplicissima, vnd nachdem sie die Menscheitt in ein person angenomen, vnd sie erhoehett vber alle andere Creaturen, auch in gleiche Maiestett eingesatzt, so muß noetig folgen das wo die gottheit ist da muß die menscheitt auch sein. dan wan die gottheit an zwoien, breien oder mehr orten were, so were ie Christus an selben verten nicht gantz, vnd wurden also zwei Christi, einer der nur an einem ort die Menscheitt bey im hette.

Hierauff mögen woll die Zwinglischen schreyenn das sie die person Christi nit trennen, aber es sollen alle gotsfurchtige verstendige vnd vnparteische leute vrtheilen, ob das nit im grundt heiße die person Christi trennen, so man Christum nur an einem ortt leßt ein mensch sein, vnd nimpt im sonst alle menscheitt an allen andern örtern. dan da sie setzen es muß einiglich natur in Christo ir eigenschafft behalten, ist war so es verstanden wirdt von der substantz oder wesen der nathur. nemblich die substantz der menscheitt ist ein leib vnd vernunfftige sehl, von Gott zu seiner Zeitt erschaffen. ein solche substantz oder wesen bleibt die menscheitt fur vnd fur, ob sie schon von gott in eine person wirdt angenommen vnd wirt nimmer in die substantz oder wesen der gottheitt, so da ist ein vnerschaffener vnd ewiger geist, verwandelt werden. da man aber solchs verstehen wolte von der eigenschafft die der substantz oder wesen anhangt, so ist es nicht war das die menscheitt Christi ir wesen verliere wen sie mit höher maiestett benn andere menschen geziertt wirdt. dan die menscheitt ist von nathur vnd art sterblich, so sie aber durch die umstandt vnsterblich wirdt bleibt sie doch in irem wesen die menscheitt. Item. Die menscheitt kan irer art vnd nathur halben niemandt lebendig machen, in Christo aber erweckt sie die todten, vnd gibt innen das lebenn. Item. Die menscheitt ist jrer art nach onmechtig, in Christo aber ist sie almechtig, vnd bleibt dennoch das wesen der menscheitt vnuerwandelt, dan da das fundament gesatzt vnd behalten wirdt das die gottheit (so ein vngeschafner geist von ewigkeitt her ist) in Christo nit werde in die menscheitt verwandelt, sondern ein iglichs in seiner substantz oder wesen vnuersehrt bleibe, so sagt man darauff recht vnd warhafftich das alle andere eigenschafft, das ist alle herlichkeitt vnd maiestett Gottes, dem menschen Christo mitgetheilt werde, vnd werde hiemit gottheit vnd menscheitt in der substantz oder wesen nicht exequiret, sondern die Menscheitt wirdt mit aller goetlicher maiestett, mit aller gewaldt, mit aller weisheitt vnd gerechtigkeitt gottes gezieret, mit diesem vnterscheidt, das gleichwoll der mensch in Christo nicht die gottheit selbst wirdt, aber er empfehett von der gottheit alle herligkeit (wie Paulus sagt) jn jm wonett alle fulle der gottheit leibhafftig. er sagt nicht es wone in jm ein oder zwei oder mehr stuck der gottheit, sondern a l l e f u l l e der gottheit, vnd dasselbige nith abconterfehett sondern l e i b h a f t i g oder volkoemmentlich. so sagt auch Christus in seinem abschiedt selbst, mir ist alle gewaldt in himel vnd auff erden geben. er sagt nicht mir ist allein ein stuck oder zwei von göttlicher gewaldt, sondern a l l e gewaldt gegeben, nicht allein im himel oder allein auff erden, sondern im himel v n d auff erden. darumb wirdt diese rede, das alle eigenschafften der göttlichen nathur seindt der menschlichen nathur in Christo mitgetheilet, von ettlichen vnbillich verworffen, vnd nemen vns hiemit den großen trost, den wir auß der maiestett Christi haben, nemlich das wir vnser bluth vnd fleisch in Christo mit aller götlichen maiestett Gottes geziert sehen, vnd desselben ewiglich geniesen werben. den wiewoll die menschliche natur fur sich selbst nit alle dinge erfullet, jedoch dieweill sie mit der götlichen nathur in ein vnzertrenliche person zusamen kompt, so ist es vnmuglich das irgents die gotheit sey da nicht auch die menscheitt sey. der vnterscheidt aber ligt also clar da. ben das die menscheitt Christi alles erfullet, hat sie keines= wegs von ir selbst, sondern sie hat es von der gottheit. dazu gleich wie der mensch Christus nicht wirdt zur gottheit selbst, sondern empfehet alle maiestett gottes, also wirdt der mensch Christus nicht die almechtigkeit, die gerechtigkeit, die weisheit selbst (dan das ist die Gottheit) sondern er wirdt allein mit aller goetlichen gewaldt, gerechtigkeit vnd weisheit be= gabet, das demnach dieser mensch, wiewol er in der per= sonlichen vereinigung nicht die gotheit selbst wirdt, so wirdt er doch ein warer gott, vnd welche ime abschlagen das ime die almechtigkeit vnd maiestet alles zu erfullen nicht mitgeteilet werde, jn massen die Zwinglischen thun, die verleugnen in latebris circlum suorum das dieser mensch ein warer gott sei, wie solchs sonst nach der lenge auf= gefuret ist.

Pagina 36. Die frage vom nuz der himelfart sampt irer antwortt mocht man irer wortt halben passieren lasen. nachdem aber dieser Catechismus die himelfart ver= stehet auf zwinglische weise, vnd dieselb halten das Chri= stus sei mit seinem leib im obersten himel reumlicher weise, vnd koenne keines wegs zugleich im himel vnd auf erden im nachtmal wesentlich iegenwertig sein, so kan man den bericht dieser frage auch nicht anders benn für zwinglisch achten vnd dahin verstehen, das Christus reumlicher weise

im obersten himel stehe ober knewe vnd thue sein gebet
für vns gegen gott seinen vatter jn massen hie ein gutt
gesel auf erden vor den andern bittet, dann solche fleisch=
liche gedancken tregt die Zwinglische lehr vff sich da sie
Christum physica locatione in den obersten himel einsetzen.

Gleich darauf pag. 37 wirt der artickel von dem
sitzen Christi zur rechten handt gottes angeregt,
vnd wiewol etwas davon gesagt wirt, jedoch nachdem die
Zwinglischen die grundtliche erfarung der rechten gottes flihen,
so kan man sich mit der auslegung so hie im Catechismo
stehet nit bezalen lasen. dann die rechte gottes ist nicht
ein sonderlicher raumlicher ortt im himel, dahin sich Chri=
stus als das heupt der kirchen gesetzt haben soll, sondern
es ist die almechtige maiestett gottes, wie es sonst gnugsam
an tag gethan. vnd dieweil der artickel vnsers glaubens
also lautet das Christus sei gen himel gefahren vnd sitze
zur rechten gottes, so ist es die rechte ware grundtliche
meinung, das der herr Christus nit allein als ein gott
sondern auch als ein mensch habe alle goetliche gewaldt vnd
herlichkeit vberkommen, das er alles warhaftig vnd mit
seinem wesen regiere vnd erhalte. dan nachdem Christus
mit seiner menscheit sitzet zur rechten gottes almechtigkeit,
der an allen orten ist vnd regieret, so mus Christus auch
mit seiner menscheit gegenwertig sein vnd regieren. wie
aber vnd welcher gestalt solchs zugehe kan kein menschlich
vernunft in diesem leben verstehen, da stehet der artikel
vnsers glaubens (Er sitzet zur rechten gottes) vnd ist aus
aller prophetischer vnd apostolischer schrifft offenbar, das

die rechte handt gottes sei seine almechtigkeit vnd maiestet darumb die menschliche vernunft krumme sich wie sie wolle vnd gebe fur was sie wolle, nemlich es konne ein leib nicht zumal an zweien oerteren oder im himel vnd auf erben sein, so muſ sie bennoch bem articel des glaubens weichen.

Da auch in diesem puncten von der rechten gottes der Catechismus sagt der vatter regiere alles burch Christum als burch das heupt seine: christlichen kirchen, vnd Christus schuze vnb schirme vns mit seiner gewaldt wider alle feinbe, ist nicht vnrecht gerebt. es ist aber zu besorgen es stecke ein vnrechter verstanbt bahinben. ban ba solches verstanden wirtt bas Christus warer gobt vnb mensch alles regieret schuzet vnb schirmet, beibe mit seiner gotheit vnb menscheit gegenwertig, so ist es ein Christlicher verstanbt. ba es aber bieser gestalt vermeinet, bas Christus mit seiner menscheit spazier reumlicher weise im oebersten himel vnb regiere allein mit ber gotheit auf erben, so ist es ein vnchristliche meinung vnb verleugnet abermal bas in Christo nit ber mensch sei ein rechter warer gott, vnb sitze nit zur rechten gottes, bas ist er regiere nicht alles wesentlich gegenwertig.

Pagina 45. In ber beschreibung ber sacrament wirbt abermals bahin geschanzt bas ber leib vnb bas bluth Christi aus seinem abentmal ausgemustert werbe, bemnach bie sacramenta Christi seinbt nicht allein sigel, bas bie verheißung bes euangelii burch berselben gebrauch besto besser verstanben vnb versigelt werbe, sonbern seinbt auch organa, instrumenta vnb mittelwerkzeug, baburch ber

heilige geist in vns thetig ist, vnd machet vns der gegen=
wertigen gaben gottes, nemlich in der Tauf der seligkeit
(wie Paulus Tit. 3 saget: er machet vns nach seiner
barmherzigkeit selig durch das badt der wiedergeburtt; vnd
Christus: wer da glaubet vnd getauft wirdt wirdt selig)
jm abendtmal aber des leibs vnd bluths Christi theilhaftig,
vnd dieser Catechismus die Sacramenta allein für zeichen
vnd sigilla vnd nicht fur organa oder werckzeug haltet,
so kan man wol darauf schliesen das er wil durch diese
beschreibung die warhaftige wesentliche gegenwertigkeit des
leibs vnd bluths Christi an seinem ortt aus dem abent=
mal ausmustern.

Pagina 46 thut sich der Catechismus austrucklich her=
fur das er die Taufe allein fur ein euserlich zeichen vnd
nicht fur ein werckzeug daburch der h. geist seine gaben
mittheile halte, vnd sagt Christus habe dieß euser=
lich wasserbadt eingesetzt vnd darbei ver=
heischen das ich soll so gewis mit seinem bluth
vnd geist von der vnreinigkeit meiner seelen,
das ist allen meinen sunden gewaschen sein,
so gewis ich euserlich mit dem wasser, welchs
die vnsauberkeit des leibs hinweg pflegt zu
nemen, gewaschen bin. das heißt ie aus der taufe
nichts anders den ein eusserlich zeichen machen. denn was
der Catechismus hie von der taufe prebigt das mag auch
mit warheit von einem ieben gemeinen wasserbadt gesagt
werden. denn so ich gleube an Jesum Christum vnd gehe
in ein gemein badt, so kan ich gedencken als gewiß ich

4*

mein haupt mit lauge sauber mache vnd mein gantzen leib mit wasser absege, als gewis bin ich das mir al mein sunden durch Christum verzihen sein. also macht der Catechismus aus einem ieben gemeinen wasserbabe ein Christliche Taufe, da ie das gemein wasserbabt als wol ein zeichen ist der abwaschung der sunden als nach des Catechismi meinung die Taufe, vnd gleich wie ein iglichs lamb, licht, rebstock, Christum bedeutet, dieweil er sagt Ego sum lux mundi, vera vitis, agnus Dei etc. also bedeutet ein iglichs leibliche waschen die abwaschung von sunden.

Vnd wiewol dieser Catechismus mit wortten vorgibt die tauff sei nicht allein ein zeichen sondern auch eine versicherung, jedoch da gefragt wirtt Ist dan das euserlich wasserbabt die abwaschung der sunden selbst? vnd darauf geantworttet nein, so gibt er leichtlich zu vernemen das er die taufe nur sur ein lebig zeichen, vnd nicht sur ein goetlich werckzeug halte, dadurch die gegenwertige gabe, die verzeihung der sunden, dem so getaufft wirdt mitgeteilet werde. es bereitet auch diese itzt gemelte frage vnd antwortt den weg, das hernach deß fuglicher verleugnett werde das brott im nachtmal sei nicht der ware leib. dan gleich wie das euserlich wasser- babt die abwaschung der sunden nicht selbst ist, also wil er das ausschliesen das auch das brott im abentmal nicht sei der leib Christi selbst. aber hierauff ist balbt geant- worttet. denn da der Catechismus sagt die taufe sei nicht die abwaschung der sunden selbst, vnd wil hiemit zu verstehen geben das das wasser nit in die abwaschung der sunden verwandelt, so its recht. aber so es wil ausgelegt werden als solte die taufe nit gegenwertig die ware abwaschung der sunden anbieten vnd vbergeben das were ein falscher verstandt. vnd wiewol hierin zwischen der tauf vnd nacht= mal ein vnterscheidt ist, iedoch vergleichen sie sich in der gegenwertigkeit der geistlichen gaben so durch sie wirdt ausgetheilet. denn durch das wasser der taufe wirdt war= hafftig vnd gegenwertig die verzeihung der sunden vnd ewigs heil angeboten vnd vbergeben, vnd mag man derhalben in itzt vermeltem verstande die taufe wol nennen das es sei die verzeihung der sunden vnd ewig heil. also wirtt durch das brot vnd wein im nachtmall der warhafftige leib vnd blut Christi iegenwertiglich ausgetheilet, von wel= cher vrsachen wegen der herr Christus recht redet das das brott sein leib s e i e, vnd ist vnvonnöten das deshalben die substantz in den leib Christi verwandelt werde.

Pagina 50 vnd 52. Da kombt das heuptstueck her= fur, von welches einigs wegen vermutet wirdt das dieser neuwer Catechismus gestellet sei, vnd wie das ein neuer Catechismus ist also bringt er auch eine neuwe vnd bei vns vnerhorte glossam vnd erklerung der wortt des abent= malls auf die ban. Den da andere Zwinglianer auf diese wortt d a s i s t m e i n l e i b alle interpretationes gebracht, etliche daß bedeutt mein leib, etliche das ist meines leibes gedechtniß, da bringt dieser Catechismus seines beduncens weit eine bessere auslegung, nemlich das diese wort d a s i s t m e i n l e i b sollen so vil heisen als d a s i s t d i e vergewifferung meines leibes 2c. Ift es aber nit ein jamer, das die helle klare einfeltige wortt Chrifti fich alfo durch die klueglinge muffen zumartern laffen bis man die wefentliche gegenwertigkeit des leibs vnd bluts Chrifti aus dem abentmal verftoffe?

Pagina 54. Ob aus brott vnd wein der wefentliche leib vnd blut Chrifti werde, darauf gefelt die antwortt nein, vnd ift mit den Zwinglianern kein ftreit ob das brott in den leib Chrifti verwandelt. man weis offentlich wol das beiderfeits hierin einhellig wider die papiften geftritten wirdt. aber darin henget der ftreitt, nachdem Chriftus austrucklich fagt das ift mein leib, ob der leib Chrifti warhaftich vnd wefentlich gegenwertig fei vnd mit in vnd durch das brot ausgetheilet werde. da wir diefes verftandts einig weren fo wolten wir vns baldt der form im reden verglichen haben. nun fagt diefer Catechifmus das brott werde wol der leib Chrifti genent aber es werde aus brott vnd wein nicht der ware wefentliche leib vnd blut Chrifti. hierauf, da es diefen verftandt hette, das die fubftanz des brots vnd weins nicht in die fubftanz des leibs vnd bluts verwandelt, in mafen die papiften halten, fo were es ein guter verftandt. aber diefer Catechifta wil hiemit die warhaftige vnd wefentliche gegenwertigkeit des leibs vnd bluts Chrifti im nachtmal verleugnen, vnd aus dem brott vnd wein ein lehr zeichen one die ist benante gegenwertigkeit des leibs vnd bluts Chrifti machen, das ift vnchriftlich. denn da er hernach fragt warumb Christus das brott nenne seinen leib vnd den wein sein blut antworttet er nicht ein woertlein von der warhaftigen vnd wesentlichen gegenwertigkeit des leibs vnd bluts Christi im abentmal, sondern thut allein eine predigt von zeichen vnd versicherung, das gleich wie brott vnd wein das zeitliche leben erhalten, also sei auch sein gecreutzigter leib vnd sein vergossen blutt die ware speise vnd trank vnser seelen zum ewigen leben, auch das er vns durch die sichtbare zeichen vnd pfandt wil versichern ꝛc. vnd, da man seine wortt nach dem vmbstandt wil erwegen, so sagt er wol der leib vnd das bluth Christi seindt eine ware speise vnd trank vnser seelen. nachdem er aber vorhin in der himelfart Christum mit seinem leib dermasen im himel hat eingesatzt, das er fur dem jungsten tag mit dem leibe nicht auf erben scie, so ist gut zu vernemen, das er sagt der leib vnd sein bluth seindt ein speise der seelen deute vnd verstehe er dahin, das nicht der gegenwertig leib vnd blutt Christi, sondern abwesendt weitt brobenn im himel, sei vnser seelen speise. darvmb, man mache was man wolle aus diesem Catechismo, vnd man verstreiche es wie mans koenne, so ist er vor der geburtt vnd nach der geburtt zwinglisch, vnd wil schlecht den leib vnd das blutt Christi nit warhaftig vnd wesentlich in dem nachtmal gegenwertig sein lassen.

Pag. 60. So von der warhaftigen busse vnd bekerung des menschen wirdt gefragt in wie vil stuecken dieselbig bestehe vnd darauf geantworttet, In zweien studen, Im absterben des alten vnd auffstehen des newen menschen, vnd da hernach von der aufferstehung des newen menschen gefragt wirdt was sie sei ist die antwortt hertzliche freude in gott vnd lust und liebe haben nach dem willen gottes in allen gutten werden zu leben. Das ist doch so grob vbersehen das der Catechismus predigt von der warhaftigen buse oder bekerung des menschen, vnd thut doch darin keine meldung, ia nicht mit einigem wartt, des glaubens in Jesum Christum. dan man bekere sich aus der heidenschaft oder juedenthumb zu Christo, oder aus der sunden zu busfertigkeit im Christenthumb, so mus nach erkentnis der sunden der glaub in Christum furhanden sein welchs ist das hauptstuck der bekerung. darumb, da dieser Catechismus nit anders reformirt, wirdt er den bekerenden wenig trost bringen, sondern sie vil mehr in verzweifelung fuhren, als die nimmer solcher gestalt wie der Catechismus vorgibt rechtschafne bus wircken koennen.

Pag. 66 ist der Catechismus auch ein bildtsturmer. dan er sagt die bilder moegen als der leien bucher in der kirchen nicht geduldet werden, so doch die bilder, vornemlich der waren historien, an inen selbst mittelmesige ding sein, vnd da sie nicht verehret oder angebetet werden wol moegen von der historien wegen geduldet werden.

Pag. 68. Da wirdt gesagt Man moege keinen eidt bei den Heiligen oder anderen creaturen schweren. Wiewoll nun der eidtschwur bei den Heiligen dieser zeitt von den papisten gantz aberglaubisch gebraucht worden, vnd auch noch nit zu gebrauchen geratten, es werde gleich leidenlicher weise ausgelegt, jedoch wo rechte gottesfurcht vnd verstandt ist, da mag ein formula juramenti auch bei den creaturen ohn sunden gebraucht werden. gen. 42 schwert Joseph per salutem Pharaonis. 2 Reg. 11 schweret Vrias per salutem Davidis et animae suae. 2 Reg. 14 schweret das Weib zu Thekoa auch per salutem Davidis vnd seind doch das nur creaturen. so ist bei den fursten ein gemeiner, bis daher vnuerwurfflicher gebrauch, das sie bei iren furstlichen ehren vnd waren wortten schweren. dan wiewoll Christus sagt Matth. 5. ir sollet aller ding nitt schweren, weder bei dem himel ec. ist kundtbar das daselbst nit allein der eidt durch die creaturen sondern auch der eidt durch gottes namen, ia nit der ordentliche sondern der vnordentliche freuentliche eidt, er geschehe gleich durch gottes oder der creaturen namen, verbotten ist.

Pag. 76 stehet also vnd das **Gott seine gnade vnd heiligen geist allein denen will geben, die in mit hertzlichem seufftzen on vnterlaß bitten vnd jm dafur dancken.** hie were abermals nott gewesen diese rede also zu moderiren vnd zu versteen als mit dem spruch Esaiae 66 et Pauli Rom. 10. (inventus sum a non quaerentibus me, palam apparui his qui me non interrogabant) einschluge vnd demselben nit widerstrebt. ben es ist ie ia war, das gott die gnabe des heiligen geistes in renatis durch das gebett merhett, aber da gott die gnade des heiligen geists ni ohne durch das gebett verlihe so wurde kein mensch auff erden selig, in ansehen das wir alle irrende schafe sindt, vnd so vns der hirt nit holet mussen wir verberben, vndt Ioannis 4. sagt der apostell darin stehet die liebe nit das wir Gott geliebt haben sondern das er vns gelibt hatt.

Hierbey soll es bei dieser kurtzen vergleichniß auff dißmal beruhen. den da man woltte das garn gar auff dem boden hergezogen haben, moechten mehr punctenn sein annotirt worden. nachdem auch die refutationes errorum, so in diesem catechismo furnemlich von den Sacramenten begriffen, sonst weitleufftig vorhanden, hat man sich benuegen lasen die errores hierin nur anzuzeigen, damit man oeffentlich vernemen konnte das dieser catechismus in der lehr nit allerding rein, vnd menniglich sich vor im zu hueten wisse. aber der barmhertzige almechtige gott vnd vatter vnsers herren Jesu Christi wirdt die seinen woll wissen zu erhalten vnd sie in rechter gesunder lehr zu bewaren.

Es ist auch neben dem Catechismo zu heidelbergk ein **buchlein von dem brottbrechen** oeffentlich im truck, wiewol ohne den namen autoris, aufgangen, darin nicht allein das brottbrechen im nachtmal Christi als von Christo gebotten vnd zum vollkomnen nachtmal nötig erfordert, sondern es wirtt auch darin die gantze christliche kirche so bis anher, von der zeit da das heilige evangelion Christi wiederumb durch gottes gnade ist offenbaret, kleine brottparticull, so man hostien nennet, alter gewonheit nach im nachtmal gebraucht, verworffen, vnd dahin vermeint als hette sie nie kein recht vollkommen nachtmal Christi gehalten.

Das kan doch ein groser mutwille vnd freuel sein, das ein mensch so thurstig ist vnd darf aus eitel vnuerstandt, ohne alle grundtliche erkentnis, einen vngesehrlichen alten gebrauch als vnchristlich verwerfen vnd die christliche kirche darab schrecklich aufrufen!

Dan wer hat ie geleugnet das geschrieben stehe Christus habe das brott im Nachtmall gebrochen, vnd das die Apostel das brott auch in irem nachtmall gebrochen haben? darumb hette der schreiber solches buchleins die muhe dasselbe aus den h. vier Evangelisten vnd S. Paulo zu recitiren *) wol sparen moegen.

Das brottbrechen in diesen gegenwertigen sachen ist nit auf deutsche sondern hebreische weise geredt, vnd da wir deutschen sagen zu essen geben oder die speise vnd narung ...**) da nennet es die hebreische oder grigische sprache darin Christus geredt das brott brechen, also das, wo man vil particul brotts zu essen furstellet, eben so wol heist das brott brechen als da man ein gantzen kuchen von einander bricht vnd reisset, vnd einem iglichen darvon gibt ꝛc.

Gene. 41. Joseph thet allenthalben kornhuser auf vnd verkaufte den Egiptern; vnd

---

*) iretiren habet aliud exemplar.

**) hi ist eyn ledige platz gleich ob eyn wort aufgelassen were.

hernach gene. 42. Jacob sahe das getreide in Egipten feil war, da wirdt auf hebreische weise, wie daselbst der text bezeuget, das getreide den Egiptern frangirt oder gebrochen, vnd Jacob sahe das getreide in Egipten frangirt das ist gebrochen wardt. das heist ie nicht das getreide mit henden zerbrechen oder zermalen, oder mit messern zerschneiten, sondern das getreide austheilen, ausmessen vnd verkauffen.

Gene 42. Joseph verkaufet getreide allem volck. da stehet auf hebreische weise Joseph war ein fragmentator, ein zerbrecher, ein dispensator im gantzen lande. das heist nicht das korn mit den henden von einander reissen oder brechen, sondern es heist ausmessen vnd verkauffen.

Prouerb. 11. Welcher korn inhelt dem fluchen die leut, aber segen kombt vber den so es verkeufft. da lautet der hebreische text also: segen kombt vber den der es frangirt oder bricht. das heist abermal nicht einiglichs körnlin zerbrechen sondern austheilen vnd verkeuffen.

Amotz 8. Wan wil der newe mondt ein endt haben das wir getreide verkeufen. da sagt der hebreische text frangiren oder zerbrechen, das ist austheilen vnd verkaufen.

Esai 58. Brich dem Hungrigen das brott, das ist: speise den hungrigen oder gib ime zu essen das ist gottes gebot. so dann ein vnverstendiger klotz daruber keme vnd wolte das brot brechen oder reiſſen außlegen, es were nichts dan ein gantz brott mit den henden von einander brechen oder reißen, vnd alſ auf dem buchſtaben des deutſchen worts vnd nicht auf den rechten verſtandt nach artt der hebreiſcher ſpra=chen ... *) muſ bekennen das, welcher einem hungrigen einen gantzen leib brots gebe, oder ſchnitte in mit einem meſſer mitten von einander vnd gebe dem armen ein ſtuck daruon, der werde gottes gebott nicht halten, jn anſehung das da auſtruclich geſchriben ſtunde frange du ſolt das brot brechen, vnd nicht geſchriben ſtehet thue im einen gantzen leib oder kuchen, oder mit einem meſſer zerſchnitten brott, brechen, brechen ſtehet es. were nicht ein ſolcher mehr vor einen fantaſten dan fur einen vernunſtigen man zu rechnen?

Hier. 4. Die jungen Kinder heiſchen brott vnd iſt niemand der es inen breche. wie, wan einner den jungen kindern einen brey hette zu eſſen ge=ben, wurde er inen nicht das brott nach hebreiſcher weiſe zu reden vnd zu verſtehen gebrochen haben?

Darumb, nachdem der herr Chriſtus in hebreiſcher gri=giſcher ſprachen geredt, vnd ſein abentmal gehalten, ſo folget darauß, das, da die euangeliſten vnd Paulus ſprechen Chriſtus habe das brott genommen vnd gebrochen, hat es dieſe meinung: er hat es den Jüngern zu eſſen dar=geboten vnd aufgetheilet, er habe gleich einem ig=lichen ſein vnzerbrochen leblein geben oder mit der handt

---

*) rursus eyn ledige platz zu eyn wort.

von einander zerriſſen. vnd da in actis apoſtolorum die gantze handlung des nachtmals das **brotbrechen** genant, ſo es bei hebreiſcher ſprachen eben geredt wie wir teutſchen ſagen ein morgeneſſen ein abenteſſen halten. dan gleich wie wir teutſchen allein vom eſſen reden ſo doch das trincken auch darbei verſtanden, alſo reden die hebreer auch vom brotbrechen ſo doch nicht darauff geſehen das eben das brott mit den fingern zerriſſen ſondern das es zu eſſen angeboten vnd furgelegt wirdt, es werde gleich mit der handt oder mit dem meſſer oder in andere wege von einander getheilet.

Vnd geſetzt das es gewiſ were das Chriſtus in ſeinem abentmal das brott nicht mit dem meſſer zertheilet, ſondern allein mit der hand zubrochen vnd von einander zerriſſen hatte, ſo iſt es dennoch nicht die meinung das ſolcher euſſerlicher gebrauch allermaſſen, wie es nach deſſelben landts artt in vbung geweſen, der kirchen durch den herrn Chriſtum aufgedrungen ſeye. vnd wiewol Chriſtus ſagt das thut zu meinem gedechtnis, jedoch wil er hiemit nicht die circumstantias loci temporis et rituum manus principalium daran nicht gelegen, ſondern die principalia verſtanden haben, nemlich das man im abentmal Chriſti ſegene oder danckſage, auch brott, es ſei gleich von einander allein mit der handt gebrochen, oder mit einem meſſer zerſchnitten, zu eſſen, vnd wein, er ſei gleich mit einem trindgeſchir wie es ſein mag trincken, austheilen, vnd dabei des herren todt verkundigen. denn wiewol der autor dieſes buechleins ſelbſt bekennet es ſei nicht noetig das abentmal zu abendt ober sitzendt zu halten, jedoch das dise wortt Christi das thut zu meinem gedechtnis sollen alle circumstantias so vor vnd nach im abentmal begangen ohn allen vnterscheidt in sich begreiffen, so muste von nott folgen das man das abentmal allein liegendt oder sitzendt auch nur zu zwelfe halten solle.

Es sagt ie Christus d a s t h u t. was soll man thun? was er gethan hat. was hat er gethan? Matteus sagt vespere facto discumbebat cum discipulis suis. Er hat sein abentmal nicht zu morgen sondern zu abendt gehalten vnd ist da gesessen oder nach ienen brauch gelegen, so hat er allein zwelfe an siner legerstadt gehabt, darumb mus nach des autoris meinung gewisslich folgen das man allein das abentmal zu abendt halten sol.

Das auch das buchlin furgibt das brotbrechen sei nicht weniger als das essen geboten ec. vnd das brottbrechen sei, so viel die euserliche dinge belanget, fast das heuptstuck, da solch wort brotbrechen, wie es droben erklert, nemlich nach hebreischer weise fur das essen, anbieten vnd austheilen, so mag es gedulbet werden. aber der autor verstehet es auf deutsch vor brechen voneinander mit den henden, darumb kan man solchs nicht passieren lasen, vnd so vil desto weniger das der author sagt das brottbrechen sei noetig propter significationem das wir vns darauß des leibens vnd sterbens Christi desto bas erinnern.

Das ist doch ie zu grob gestamlet. dan wie wol es war ist, das wir vns im nachtmal des leibens vnd sterbens Christi erinnern sollen, doch aber von dieser vrsach wegen das brottbrechen in masen dieser autor dasselb verstehet von Christi gebraucht vnd eingesetzt sei, das ist austrucklich aus der schrift verworfen. ben es stehet von dem osterlamb geschrieben ir sollet im kein bein zerbrechen. das interpretirt Joannes recht vnd sagt, die kriegsknecht haben ben zweien moerdern die bein zerbrochen, aber die bein Christi haben sie nicht zerbrochen, auf das die schrift erfullet würde ir sollet ihm kein bein zubrechen. hiervon wirdt kundtbar das Christus das brotbrechen, in masen der autor dieses buchleins dasselb verstehet, gar nicht verordnet habe barburch sein leiden vnd sterben zu vernemen, damit nicht gebuldet wurde als ob er an seinem leibe zertheilt oder ime ein bein zerbrochen were worden, sondern das es des landes gebrauch als ein mittellmesig ding geubet, vnd damit angezeigt das sein leib jegenwertig aufgetheilet wirdt wie Paulus austrucklich sagt das ist mein leib der fur euch gebrochen wirdt, das heist hie an disem ort nicht der fur euch gemartert wirdt, wie der autor dieser schrifft vermeinet, sondern der fur euch vnd vnter euch ausgeteilet wirdt.

Es ist auch ein großer vnuerstandt in diesem buchlein das es furgibt, da ein gantz brot nicht in stueck gebrochen vnd also stuckweis ausgetheilet werde, so mochten wir nicht ermahnt werden das wir alle glider des einigen leibs Christi sein, dieweil wir nicht alle von einem brott theil empfangen. ban gleich wie man in einer gemeinen malzeit einem iglichen einen eigenen wecken vorgelegt, vnd doch gesagt wirtt sie seint alle von einem brott, dieweil alle aufgelegte wecken eines mels vnd eines gebacks sindt, also auch in dem abentmal Christi essen alle ein brott so dasselb brott ihnen a u s g e t h e i l e t wirdt. vnd da man schon einen gantzen kuchen in vil stuck zertheilet vnd so genauw suchen will, so wirdt ein iglich stuck fur sich selbst nach der theilung ein besunder brott, das es also zu reden nicht mehr Ein brott bleibt. was solte auch fur ein vnterscheidt sein so ein gantzer gleicher teig in vil kuchlein f u r dem backen oder allererst n a ch dem backen getheilet? vnd da ie solches ein bedenken haben sollte, so konnten zwo, drei, vier oder mehr kirchen mit einander nicht e i n leib Christi sein, dan es hat ie eine igliche kirche, so etliche nahe etliche sehr weit von einander wohnen, ein eigen Communion vnd darin ein eignes brott. dieweil dan dieselbigen nicht von einer kirchen sondern von vielen ir abentmal halten so muste nach dieses Scribenten meinung folgen, nachdem sie nit von e i n e m brott essen das sie nicht e i n leib mit Christo sein können.

Was darf es vil wortt? es scheinet dieser scribent sei auch dieser gesellen einer der den klaren hellen offenbaren buchstaben dieser wortt Christi d a s i s t m e i n l e i b d a s i s t m e i n b l u t h nicht fast gros achte, sondern alle vrsach suche das er eine andere meinung finde dan der klare buchstabe auf ime trage, aber an dem buchstaben des worts b r o t t b r e c h e n dieser gestalt hange, das er ehe den langwirigen der rechten kirchen gebrauch verwerffen wil ehe er der rechten meinung nachfolge.

Das er aber am ende seines buchleins sagt es habe

tein berumpter gottseliger theologus seines wissens wider das brotbrechen gestritten, das kompt daher, das auch tein solcher phantast aufgestanden der ein solch brotbrechen wie er vorgibt fur das noetigste stuck im abentmal gehalten, vnd so freuenntlich gestritten habe.

Da auch die gewaltigen Potentaten der Christenheitt, vermoege irer vocation, solchen scribenten nicht weren, so wirt man in der kirchen tein ruhe haben, sondern was einem jeden phantasten zu nachts treuwmett das wirtt mussen in druck ausgebreitett vnd allerley haber erwecket werden.

Der almechtige Gott wolle dem sathan weren, vnd die kirchen in gutem frieden erhaltenn.

4. Auszüge aus der gleichzeitigen Correspondenz des Tileman Heshusius.

Die hier mitgetheilten Brieffragmente befinden sich, von der Hand des Schwagers des Til. Heshusius, des Arztes Johann von Bert aus Wesel, abgeschrieben, im Archiv der evangelischen Gemeinde in Wesel. Die zwei ersten und das vierte rühren offenbar von Heshusius selbst her.

1. Die Notizen des folgenden ersten Fragments welche Heshus von dem vertrauten Freunde, dem Lutheraner Philipp von Gemmingen über die pfälzischen Zustände erhalten, sind sehr charakteristisch für die Hoffnungen seiner Parthei welcher das ganze Unternehmen Friedrichs nur als ein schnell vorüberziehendes Gewitter erschien. Die erwähnte Sendung des Canzlers (Hieronymus Gerhard) und Gemmingens fand

statt nachdem die drei Fürsten auf einer Conferenz zu Ettlingen (Octbr. 1563) die Mittel berathen ihre Länder vor der Lehre der Curpfalz abzuschließen, und ein Kirchengebet für Erhaltung der reinen Lehre augsburgischer Confession angeordnet hatten. — Den Empfänger des Briefes aus der Notiz daß Boquin gegen ihn schreibe zu constatiren ist mir noch nicht gelungen.

„Nova ex quibusdam literis.

Caeterum cum ipse his diebus magnam partem superioris Germaniae peragraverim tuae petitioni facilius satisfacere possum. Quod autem ad statum ecclesiarum in Palatinatu superiori et ducatu Neoburgensi attinet, omnia sunt in pristino statu. Dux enim Wolffgangus veram et puram evangelii doctrinam et usum sacramentorum exclusis et damnatis omnibus corruptelis retinet atque defendit. Etiam Ambergenses, nec non ipse filius Electoris, qui illam Palatinatus partem possidet, de coena corruptelas totamque formulam ecclesiasticam ut vocant respuerunt, nec quicquam eius admittere voluerunt. Ipsi etiam Heidelbergenses Schwermeri quodammodo, quod ad externos ritus et caeremonias spectat, receptui canunt. Maxima enim pars hominum ipsorum errori repugnat eumque damnat, authoresque eius execratur et damnat manifeste. Dux Wirtebergensis suum vicecancellarium, et Wolffgangus Palatinus Philippum a Gemmingen virum et genere et eruditione pietateque nobilem, ad Electorem Rheni miserunt ut de abiectione erroris cum monerent et cum ipfo ferio agerent. Ego cum ipfis aliquot miliaria profectus fum Laudeburgum ufque; quid effecerint me latet; fpero tamen me breui ex literis Gemmingenfis, qui mihi apprime est notus et familiariffimus, cogniturum. Morfhemius nofter Laingae agit in fchola, quam dux Wolffgangus recens instituit, primarium professorem.

Boquinum etiam audiui habere fub prelo libellum contra te confcriptum; tu pro tua eruditione ut dignus est facilius eum excipies. Contra Eberum quoque libellus excudi ceptus erat, qui iam fupprimitur propterea quod Eberus dicatur reliquifse pastoratum. Caluinum quoque monuifse Heidelbergenfes ferunt ut abftinerent ab eius libelli editione, ne forte irritarent contra fe Wittenbergenfem et Lipfienfem academias atque etiam ipfum Electorem Saxoniae atque alios, quos putant alioqui fuae caufae aliqua ex parte fauorabiles effe. Staphylus graui morbo correptus decubuit diu, nefcio an adhuc fit fuperftes. Ingolstadii, Augustae, Wirtzburgi, Ratifbonae, Heidelbergae, Francfurti, Fuldae, Moguntiae et Bambergae feviffime graffatur peftis quemadmodum et in Anglia et in Gallia, in qua novi motus etiam effe dicuntur.

(fcriptum 5 Nouembr. 63.)"

2. König Maximilian hatte seinen bisherigen Prediger Sebastian Pfauser aus Constanz 1560 entlassen und den ihm von seinem Vater, Kaiser Ferdinand,

gesandten Bischof Stanislaus Hosius, den Bekämpfer des Brenz, bei sich aufgenommen.

„Ex altera epistola.

De hoffnunge jn Oesteriche ꝛc. ist gantz nicht. Der Romesche konninck hefft des keisers hoffprediger wibber angenomen, enen bosen buben. Auff die kroninge zu Preßburgk als ich da war, hefft man ein freudenfuir vnd spektakell angerichtett, darinne sin gefallen vngeferlich woll 24 man, vnd nicht mugen gerebbet werden, besunder albar offentlich ansehendes aller potentaten vnd gantzen volckes oeffentlich verbrandt. Gott woll vnß gnebiglich erhalten 1. Nouembr. a⁰ 63."

3. Der Brief welchem diese Notizen entnommen sind könnte von Chemnitz sein der mit Heshus damals viel correspondirt hat; die Sprache aber läßt eher noch an seinen intimsten Braunschweiger Freund, Gervasius Marstaller, denken, welchem er auch seine Warnung vor dem H. Katechismus gewidmet hat.

„Auß einen anderen briev.

Lucas Backmester soll an Kittelii Stebe kommen zu Rostock so ich bericht sein.

An Eberi Stebe zu Wittenbergh, dieweill er kranck ist vnd ab begert, Zacharias Praetorius.

Zu Hamburgh an Eitzen Stebe Doctor Molleners bruder von Wittenbergh.

M. Judex hefft dem Amstorffio rebelich geantwort vnd ist itzundt noch sub prelo.

Die prediger zu bremen sollen io was zwistich sein

vnb kegen einander schriuen. Ich will erschaffen das sulz euch auff ein kurtz zugeschickt wordt.

Brunswick 29 Octobr. a⁰ 63."

4. Wahrscheinlich aus einem Brief des Heßhus an Chemnitz.

„Ex aliis literis.

Matt. Illyricus iß den 10 Octobris allererst widder ex Grecia gen Regensburg kommen, vnd schrifft das etliche kirchen da woll gestallt sein.

Ich verhoff er wirdt sich auch widder den heidelbergischen Catechismum beweisen. vnd e. (ewer) w. (werden) desgleichen. Ich weiß schir ober die fiertzich die ir refutationes all verdigh haben, vnd gewarten allein daß der dreien fursten wirtenbergh zweienbruck vnd babens confutationes, welche man sich vermutett Brentius geschrieben zuhaben, aufgehen. Ir schrifft an Churfursten ist etwas scharff. Gott verlehe vns einigkeit des glaubens vnd steur alle schwermer. Eß verhoffen etliche sie sollen auf dem gemein Reichstagsgespreche nicht zugelassen werden."

Druckfehler.

S. 120 Z. 17 lies Bannflüchen.
" 131 Z. 13 " wie die 49te.
" 139 Z. 9 " mit ihrer Nothwehr.
" 146 Z. 20 " diese aber.

Bonn, Druck von Carl Georgi.

www.ingramcontent.com/pod-product-compliance
Lightning Source LLC
Chambersburg PA
CBHW020908230426
43666CB00008B/1362